utb 4452

Eine Arbeitsgemeinschaft der Verlage

Böhlau Verlag · Wien · Köln · Weimar
Verlag Barbara Budrich · Opladen · Toronto
facultas · Wien
Wilhelm Fink · Paderborn
A. Francke Verlag · Tübingen
Haupt Verlag · Bern
Verlag Julius Klinkhardt · Bad Heilbrunn
Mohr Siebeck · Tübingen
Nomos Verlagsgesellschaft · Baden-Baden
Ernst Reinhardt Verlag · München · Basel
Ferdinand Schöningh · Paderborn
Eugen Ulmer Verlag · Stuttgart
UVK Verlagsgesellschaft · Konstanz, mit UVK/Lucius · München
Vandenhoeck & Ruprecht · Göttingen · Bristol
Waxmann · Münster · New York

Jutta Wergen

Promotionsplanung und Exposee

Die ersten Schritte auf dem Weg zur Dissertation

2. Auflage

Verlag Barbara Budrich
Opladen & Toronto 2015

Bibliografische Information der Deutschen Nationalbibliothek
Die Deutsche Nationalbibliothek verzeichnet diese Publikation in der Deutschen Nationalbibliografie; detaillierte bibliografische Daten sind im Internet über http://dnb.d-nb.de abrufbar.

Gedruckt auf säurefreiem und alterungsbeständigem Papier.

www.budrich-verlag.de

UTB-Bandnr. 4452
UTB-ISBN 978-3-8252-4452-1

Satz: Judith Henning, Hamburg – www.buchfinken.com
Umschlaggestaltung: Atelier Reichert, Stuttgart
Druck: Friedrich Pustet, Regensburg
Printed in Germany

Vorwort

Das vorliegende Buch zu schreiben, war ein langgehegter Wunsch von mir.

Da ich seit über zehn Jahren – zunächst als wissenschaftliche Mitarbeiterin an verschiedenen Hochschulen, dann auch als freiberufliche Trainerin und Coach an Universitäten und Fachhochschulen – in der Graduiertenförderung tätig bin, begegnen mir tagtäglich viele Fragen und Probleme von Promovierenden. Oft höre ich von ihnen sogar: „Wenn ich vorher gewusst hätte, wie schwierig das wird, hätte ich das Promovieren gar nicht erst angefangen!"

Dieses Buch ist deshalb für alle diejenigen, die noch überlegen zu promovieren, und für diejenigen, die diesen Entschluss schon – mehr oder weniger – gefasst haben. Es bietet ehrliche Antworten auf die typischen Fragen von Promovierenden und viele Ratschläge, wie man sinnvoll und mit einem optimierten Zeit- und Kräfteaufwand mit den Herausforderungen des Promovierens umgehen kann. Besonders aufschlussreich ist das Buch auch für alle, die ein Exposee schreiben müssen, denn es bietet Informationen, Übungen und Arbeitsblätter, die das Verfassen des Exposees erleichtern.

Aber auch für diejenigen, die sich schon mitten im Promotionsprozess befinden und die sich – mehr oder weniger heimlich – wünschen, ihre Promotion niemals begonnen zu haben, ist dieses Buch geeignet. Es erleichtert nicht nur die Entscheidung für oder gegen das weitere Promovieren, sondern bietet auch ganz praktisch Hilfestellung dabei, wie die wahrgenommenen Hürden durch relativ simple Handlungen auf ein zumutbares Maß reduziert werden können.

Mein besonderer Dank gilt allen Promovierenden, die ich in Workshops oder Einzelberatungen vor, während oder nach ihrer Promotion beraten und unterstützen durfte, denn sie sind diejenigen, die mich zu diesem Buch ermutigt haben. Mit ihren Fragen, ihren Anliegen und ihren Problemen haben sie mich motiviert, dieses Buch ehrlich und praxistauglich zu formulieren. Ihnen ist dieses Buch gewidmet!

Ein weiterer Dank geht an die Hans-Böckler-Stiftung, die mich bei der Realisierung des vorliegenden Promotionsratgebers nicht nur finanziell unterstützt hat.

Duisburg im Juli 2014

Inhalt

Vorwort **5**

1 Einleitung **11**

Teil 1 Allgemeines zur Promotion **15**

2 Warum es eine gute Idee ist, sich gründlich auf die Promotion vorzubereiten **17**

2.1 Was genau ist eigentlich eine Promotion? 17

2.2 Phasen der Promotion 19

2.3 Was sind gute Gründe (nicht) zu promovieren? 21
FAQs zur Entscheidung für oder gegen eine Promotion 23

3 Formalitäten: formale Voraussetzungen zur Promotion **29**

3.1 Das Promotionsrecht 29

3.2 Die Promotionsordnung 29

3.3 Besondere Herausforderungen bei der Promotionsplanung 35

4 Die Promotionsbetreuung **41**

4.1 Eine Promotionsbetreuung suchen und finden 42

4.2 Wie kann die Promotionsbetreuung gewechselt werden? 46
FAQs zur Promotionsbetreuung 47

5 Die Finanzierung der Promotionsphase **49**

5.1 Was die Finanzierung der Promotionsphase erschweren kann 49

5.2 Die Finanzierung auf einer Stelle als wissenschaftliche/r MitarbeiterIn 50
Das Promovieren auf einer Projektstelle 51
Das Promovieren auf einer Lehrstuhlstelle 53

5.3 Die Finanzierung durch ein Stipendium 55

FAQs zum Stipendium ... 58

5.4 Die externe Finanzierung ... 59
Das berufsbegleitende Promovieren ... 60

6 Die strukturierte Promotion ... 63

6.1 Die Idee der strukturierten Promotion ... 63

6.2 Angebote der strukturierten Promotion ... 65

6.3 Vor- und Nachteile und Herausforderungen von Graduierten- bzw. Promotionskollegs ... 66

6.4 Wichtige Tipps zur Bewerbung auf Promotionskollegs ... 68
FAQs zur strukturierten Promotion ... 68

6.5 Strukturierte Programme für Promovierende außerhalb von Kollegstrukturen ... 70

7 Karriereplanung und der Erwerb notwendiger Schlüsselkompetenzen ... 73

Teil 2 Das Exposee ... 75

8 Grundlegendes zum Exposee ... 77

8.1 Was genau ist ein Exposee und wozu dient es? ... 77
Wofür wird das Exposee gebraucht? ... 82
Welche Funktionen erfüllt ein Exposee? ... 82
FAQs zum Exposee ... 84

9 Themenfindung – Themeneingrenzung – Fragestellung ... 87

9.1 Wie finde ich ein geeignetes Promotionsthema? ... 87
Was genau ist denn wichtig bei der Themensuche? ... 88
Welche Arbeitsschritte gehören zur Themenfindung? ... 89
FAQs zur Themenfindung ... 93

9.2 Wie grenzt man ein Thema ein? ... 94
Der Prozess des Eingrenzens eines Themas ... 94
FAQs zur Themeneingrenzung ... 99

10 Der inhaltliche Aufbau eines Exposees ... 103

10.1 Die Einleitung des Exposees ... 104

10.2 Der Stand der Forschung ... 106

Warum ist es so wichtig, den Forschungsstand explizit darzulegen? ... 106
Wie sollte ich bei der Systematisierung des Forschungsstands vorgehen? ... 107
Drei wichtige Arbeitsschritte bei der Erarbeitung des Forschungsstandes ... 107
FAQs zum Forschungsstand ... 111

10.3 Die Fragestellung ... 113
Wie entwickelt man eine forschungsleitende Fragestellung? ... 114
FAQ zur Fragestellung ... 117

10.4 Theoretische Vorüberlegungen ... 117
FAQ zu den theoretischen Vorüberlegungen ... 118

10.5 Hypothesen ... 118
FAQs zu den Hypothesen ... 118

10.6 Forschungsmethoden/methodisches Vorgehen ... 119
Wo erhalte ich Unterstützung zur Forschungsmethode? ... 121
FAQs zu Forschungsmethoden ... 121

10.7 Der Arbeits- und Zeitplan ... 122
FAQs zum Zeitplan ... 125

10.8 Die Gliederung ... 135

10.9 Das Literaturverzeichnis ... 138
FAQs zum Literaturverzeichnis ... 138

11 Andere Formen von Exposees ... 141

11.1 Die Ideenskizze ... 141

11.2 Das Kurzexposee ... 142

11.3 Das Exposee für ein Stipendium ... 144
FAQs zum Exposee für ein Stipendium ... 146

Teil 3 Was für eine Promotion sonst noch wichtig ist ... 147

12 Zeitmanagement – Software und Ratgeber ... 148

12.1 Das Zeitmanagement in der Promotionsphase ... 148

12.2 Literaturverwaltungsprogramme ... 152

12.3 Weitere Programme, die in der Promotionsphase hilfreich sind ... 154

12.4 Schreibratgeber für die Promotion 156

Teil 4 Anhang 159

13 Glossar 161

14 Literaturverzeichnis 165

15 Internetquellen 167

1 EINLEITUNG

Für wen ist dieses Buch geeignet?

Dieses Buch soll es Ihnen ermöglichen, sich umfassend über das Promovieren zu informieren, sich auf die Promotion vorzubereiten und die eigene Promotionsphase zu planen und zu gestalten. „Promovieren – wie geht das?“ und „Wie schreibe ich ein Exposee?“ sind die Fragen, die in diesem Buch beantwortet werden.

Es gibt viele Wege und Motive zur Promotion – und das ist auch gut so! Einige Promovierende entscheiden sich dazu, direkt im Anschluss an das Studium zu promovieren, z.B. weil sie ein interessantes Promotionsthema angeboten bekommen, andere stellen erst nach ein paar Jahren Berufstätigkeit fest, dass die Wissenschaft auch Spaß machen würde – manchmal gibt es auch Menschen, die erst nach ihrer Berufstätigkeit, sozusagen „in Rente“ promovieren. Aber nicht nur die Wege hin zur Promotion sind unterschiedlich. Es gibt auch vielfältige Formen der Promotion, also der Promotionsstrukturen[1]. Und: Die Zahl der Promovierenden nimmt stetig zu! Im Jahr 2013 promovierten in Deutschland ca. 200.000 Menschen (BuWiN 2013).

Doch nicht nur die gestiegene Zahl der Promovierenden zeigt einen Wandel des Promovierens. Denn auch die Studienstrukturen und die Promotionsphase wurden durch den Bologna-Prozess verändert. Durch die Einrichtung unterschiedlicher strukturierter Promotionsprogramme wie Graduiertenkollegs und durch die Entwicklungen der Exzellenzinitiative des Bundes und der Länder findet die Ausbildung des wissenschaftlichen Nachwuchses zurzeit zeitgleich zum Teil in den alten Formen der Individualpromotion sowie zunehmend auch in strukturierten Formen von Graduiertenkollegs und Graduiertenschulen statt. Darüber hinaus spielt auch die jeweilige Universität und Fachdisziplin eine Rolle, was z.T. gravierende Unterschiede in den einzelnen Promotionsprozessen bedeutet.

Ebenfalls unterschiedlich sind die Zugangswege zur Promotion: Manche AbsolventInnen schließen direkt nach dem Studium eine Promotion an, andere promovieren extern parallel zu ihrer Berufstätigkeit oder sogar erst im Anschluss an eine Phase der Berufstätigkeit. Unterschiedlich sind Promotionen auch, was ihre Dauer angeht und den erwünschten Umfang der Dissertation. Und auch die Zeitpunkte der Promotion im eigenen Karriereverlauf variieren: Eine Promotion im Fach Medizin wird oftmals bereits zum Ende des Studiums begonnen. Medizinerinnen promovieren oft früher und schnel-

---

1 In einem Glossar (ab S. 156) werden wichtige Begriffe zur Promotion erklärt.

ler, und ihre Dissertationen sind kürzer als die von Promovierenden anderer Fachdisziplinen. Neben den Unterschieden des Promovierens zwischen den Fachdisziplinen gibt es natürlich auch Unterschiede, die die Karriereperspektiven von Promovierten betreffen. Einige Promovierende planen, eine wissenschaftliche Laufbahn einzuschlagen z.B. indem sie eine Professur besetzen wollen, andere wollen ihre Position im nichtwissenschaftlichen Beruf verbessern und wieder andere wissen gar nicht so genau, was sie eigentlich mit einer Promotion anstellen werden.

Promovierende unterscheiden sich also stark voneinander, was u.a. die Motive, den Promotionsprozess, den Zeitpunkt der Promotion sowie die genauen Bedingungen der Promotion angeht.

Dieses Buch richtet sich an *alle* Promovierenden. Dabei ist es egal, ob Sie schon mitten im Promotionsprozess stecken, oder sich erst noch überlegen ob Sie überhaupt promovieren möchten. Es ist auch egal, warum und unter welchen Bedingungen Sie promovieren (möchten): Ihnen allen kann dieser Ratgeber wertvolle Tipps geben, wie der Promotionsprozess so problemlos wie möglich und gleichzeitig erfolgreich abgeschlossen werden kann.

Welche typischen Herausforderungen bringt eine Promotion mit sich?

Promovierende sind, obwohl sie eine eigenständige Forschungsleistung erbringen, abhängig. Ihre Arbeit wird mittels eines Gutachtens bewertet und in einer Disputation oder einem Rigorosum werden sie am Ende der Promotionsphase von einer Kommission geprüft. Sie sind lange Zeit an ihr Promotionsthema, die Promotionsbetreuung und manchmal auch finanziell an Forschungsprojekte oder Stipendien gebunden. Dabei haben sie weder einen rechtlichen Anspruch auf eine faire Betreuung und Bewertung, nicht ist immer garantiert, dass Sie zufriedenstellend betreut werden, gerade dann, wenn ihre PromotionsbetreuerInnen z.B. im Unialltag, in Forschungsfreisemestern o.ä. anderweitig zeitlich stark eingebunden sind.

Gleichzeit entstehen im Laufe fast jeder Promotion unweigerlich Zweifel, was das eigene Forschungsthema, den Sinn des „Vorhabens Promotion“ an sich und die damit verbundenen Karriereperspektiven angeht. Fast noch schlimmer empfinden viele Promovierende jedoch das im Promotionsverlauf oft entstehende Gefühl, dass die eigene Leistung unzureichend ist und es auch an der Fähigkeit fehlt, dieses langwierige Projekt überhaupt zu einem Ende bringen zu können. Die Zweifel nagen am Selbstbewusstsein, was noch dadurch verstärkt wird, dass das als überkritisch empfundene wissenschaftliche Umfeld nicht gerade zur Selbstreflexion einlädt. Dazu kommt, dass Zweifel oft auch gegenüber den PromotionsbetreuerInnen nicht eingestanden werden können, besonders dann, wenn Promovierende sich durch die Beschäftigung in einem Forschungsprojekt der Promotionsbetreuung in einem finanziellen Abhängigkeitsverhältnis befinden.

Promovierende wissen, dass sie mit der verpflichtenden Veröffentlichung ihrer Dissertation sichtbar werden, und dass sie sich nach Abgabe der Dissertation in der Disputation oder durch spätere Rezensionen ihrer Forschungsarbeit der Kritik stellen müssen, macht die Sache dann nicht besser.

Es verwundert also nicht, dass sich manch eine Promovendin und sich so mancher Promovend gegen eine Promotion entschieden hätte, wenn er/sie vorher gewusst hätte, welche Mühsale mit einer Promotion verbunden sind. Manch abgebrochene Promotion wäre sicherlich gar nicht erst begonnen worden. Genau hier setzt das Buch an! Denn es ist für den Erfolg eines Promotionsprozesses außerordentlich entscheidend, dass diejenigen Promovierenden, die die typischen Probleme und Belastungen während des Promotionsprozesses erleben, wissen, wo sie Hilfe herbekommen können, sodass sie sich nicht gezwungen sehen, verzweifelt und mit einem reduzierten Selbstwertgefühl das Promovieren zu beenden!

Dieser Promotionsratgeber hat zum Ziel, Promovierende in der Entscheidungs- und Anfangsphase zu unterstützen. Sollte das Lesen des Promotions- und Exposee-Ratgebers dazu führen, dass sich promotionsinteressierte Menschen gegen eine Promotion entscheiden, ist das durchaus beabsichtigt. Denen jedoch, die sich imstande sehen, die in diesem Buch geschilderten Probleme zu meistern und die durchstarten wollen, soll es jedoch Mut machen und Orientierung bieten!

> Eine Promotion ist nicht mit einem Spaziergang, sondern eher mit einem Langstreckenlauf vergleichbar. Darum soll Ihnen dieser Ratgeber eine realistische Entscheidungsgrundlage bieten und vor allem auf den Langstreckenlauf vorbereiten.

Wie können Sie dieses Buch nutzen?

Die Vorbereitungsphase der Promotion umfasst üblicherweise folgende Schritte:

- Die Formalitäten zur Zulassung müssen geklärt werden.
- Ein Thema muss gefunden und so eingegrenzt werden, dass es in der verfügbaren Zeit zufriedenstellend bearbeitbar ist.
- Ein Exposee für die Dissertation muss entwickelt werden.
- Eine geeignete Betreuung ist zu finden und die Art der Betreuung ist zu vereinbaren.
- Durch den Promotionsausschuss muss das Vorhaben zur Promotion zugelassen zu werden.

Dieses Buch geht auf alle genannten Punkte ein. Es besteht aus vier Teilen: Der *erste Teil* gilt der Promotionsberatung. Hier werden alle Fragen zur Zulassung zur Promotion beantwortet und Hilfen zur Gestaltung der Anfangsphase gegeben. Der *zweite Teil* dient als Exposee-Ratgeber, gibt viele Hilfestellungen und bietet eine Anleitung zum Verfassen eines Exposees. Der *dritte Teil* beinhaltet Themen, die für den weiteren Verlauf der Promotion wichtig sind, z.B. Literaturverwaltung, Software, Zeitmanagement. Im *vierten* Teil finden Sie im Anhang das Glossar sowie Literaturverzeichnis und eine Liste der Internetquellen.

Eine konkrete Hilfestellung sollen die zahlreichen, praktischen Informationen zur Promotion bieten, die mit Tipps zur strategischen Vorbereitung eines schriftlichen Exposees inklusive der genauen Beschreibung von Zeit- und Arbeitsplänen kombiniert werden. Neben den für das Promovieren relevanten Informationen beinhaltet das Buch auch zahlreiche Übungsblätter und praktische Tipps. Darum ist das vorliegende Buch sowohl ein Ratgeber als auch ein Arbeitsbuch, mit dem die Idee der eigenen Promotion Schritt für Schritt realisiert werden – oder auch ad acta gelegt werden – kann.

Generell ist dieses Buch so angelegt, dass es für unterschiedliche Fachdisziplinen nutzbar ist. Dennoch sollten Sie natürlich recherchieren, wie man üblicherweise in Ihrem Fach promoviert und welche konkreten Leistungen von Ihnen verlangt werden. Aufschluss darüber bietet die Promotionsordnung Ihres Fachbereichs bzw. Ihrer Fakultät.

Besonders wichtige Informationen sind grau hinterlegt, genauso wie die Tipps in den einzelnen Kapiteln.

Häufig gestellte Fragen aus der Praxis werden in den einzelnen Kapiteln des Buches unter der Überschrift Frequently Asked Questions (FAQs) beantwortet.

TEIL 1

ALLGEMEINES ZUR PROMOTION

2 WARUM ES EINE GUTE IDEE IST, SICH GRÜNDLICH AUF DIE PROMOTION VORZUBEREITEN

Es ist auf jeden Fall sinnvoll, sich gründlich auf die Promotion vorzubereiten. Wichtig ist beispielsweise, dass Sie sich einen Überblick über folgende Aspekte verschaffen:

- Wie promoviert man üblicherweise in Ihrem Fach?
- Welche Besonderheiten gibt es in Ihrer Disziplin?
- Welche Promotionsthemen können bearbeitet werden?
- Wer kann diese Themen fachlich betreuen?
- Wie läuft die Promotionsbetreuung üblicherweise ab?
- Wie werden Promotionen finanziert?
- Wie lange benötigen Promovierende durchschnittlich für eine Promotion?
- Wie viele Seiten umfassen die Dissertationen in Ihrer Fachdisziplin?
- Wo finden Sie bereits veröffentlichte Dissertationen aus Ihrer Fachdisziplin zum Einblick?
- Wie haben Promovierende/Promovierte typische Herausforderungen gemeistert?

Wenn Sie sich darüber informiert haben, können Sie Ihre eigene Promotion besser planen. Sie sind auch gut vorbereitet auf die Herausforderungen, die die meisten Promovierenden im Laufe des Promotionsprozesses bewältigen und Sie gewinnen mit Ihrer Vorbereitung zahlreiche Informationen, die es Ihnen leicht machen, wichtige Entscheidungen zu treffen.

Auch wenn nicht alles bis ins kleinste Detail im Vorfeld geklärt und bedacht werden kann, ist es sinnvoll – sowie nerven- und zeitsparend – die Rahmenbedingungen zu klären und grundlegende Entscheidungen zu treffen. Mit den erworbenen Informationen und der darauf aufbauenden strategischen Planung können die Herausforderungen der Promotionsphase schnell erkannt, bewertet und strategisch bewältigt werden.

2.1 Was genau ist eigentlich eine Promotion?

Als *Promotion* wird der gesamte Prozess des Promovierens bezeichnet. Dazu gehören das Schreiben der Dissertation, die mündliche Prüfung (Disputation oder Rigorosum) sowie die Publikation der Dissertation. Unter Umständen kann es sogar sein, dass Sie promotionsvorbereitende Leistungen bzw. ein Promotionsstudium erbringen müssen (siehe Glossar S. 161). Erst wenn Sie alle Leistungen erbracht haben und die Dissertation veröffentlicht ist, wird die Promotionsurkunde verliehen, die Sie zum Tragen des Doktortitels berechtigt.

Als *Dissertation* wird die schriftliche Arbeit bezeichnet, die den Hauptteil der gesamten Promotion ausmacht. In der Regel arbeiten Promovierende mehrere Jahre an ihrer empirisch oder theoretisch ausgerichteten Arbeit, die sie zunächst beim Promotionsausschuss anmelden und später einreichen. Wenn die Dissertation eingereicht ist, wird sie durch die PromotionsbetreuerInnen (die in früheren Zeiten oft Doktorvater bzw. Doktormutter bezeichnet wurden) begutachtet. Die BetreuerInnen geben dann Noten für die Dissertation, die sie mit einem Gutachten begründen.

Nach der Begutachtung der Dissertation durch die BetreuerInnen folgt – in der Regel einige Wochen bis Monate nach dem Einreichen der Dissertation – die Verteidigung der Dissertation (*Disputation*) oder ggf. eine mündliche Prüfung (*Rigorosum*). Was genau in der Disputation oder dem Rigorosum erwartet wird, können Sie der jeweiligen Promotionsordnung entnehmen. Auch für diesen mündlichen Teil der Promotion erhalten Sie eine Note, die in Kombination mit der Note für Ihre Dissertation die Gesamtnote bildet, die auf Ihrer Promotionsurkunde vermerkt sein wird.

Bevor Sie allerdings eine Promotionskunde erhalten und somit auch Ihren Doktortitel, müssen Sie die Dissertation *veröffentlichen*. Dafür sollten Sie sich möglichst schon im Vorfeld einen geeigneten Verlag suchen.

Der *Doktortitel* ist der akademische Grad, der Doktorgrad. Doktorgrade sind beispielsweise „Dr. phil.“, „Dr. med.“, „Dr. jur.“ „Dr. rer. nat“, „Dr. rer. oec.“ und viele andere. Welchen Doktorgrad Sie durch die Promotion erlangen, hängt davon ab, in welcher Fachdisziplin Sie promovieren. Der zu verleihende Titel ergibt sich aus der Promotionsordnung und wird auf der Promotionsurkunde vermerkt.

> Die meisten Promotionsprozesse bieten eine Herausforderung an die eigene Kreativität, Flexibilität und das Durchhaltevermögen. Unterschätzen Sie die Anstrengungen nicht und bereiten Sie sich vor, indem Sie so viele Informationen wie möglich zusammentragen. Besorgen Sie sich Informationen zu Herausforderungen sowie zu deren Bewältigung.

Informationen zur wissenschaftlichen Karriere finden Sie unter www.kisswin.de/.

Einen Überblick in englischer Sprache bietet die Webseite www.research-in-germany.de. Dort gibt es eine Rubrik für PHD Students, also für Promovierende.

2.2 Phasen der Promotion

Zunächst einmal: Die typische Promotionsphase gibt es nicht! Wie eine Promotionsphase verläuft, hängt vielmehr von der Fachdisziplin sowie den persönlichen Rahmenbedingungen wie z.B. den Finanzierungsmöglichkeiten und Lebensumständen ab. Es spielt eine große Rolle, ob Sie beispielsweise im Rahmen eines Stipendiums promovieren oder ob Sie inner- oder außerhalb der Universität tätig sind, ob Sie durch Ihr Umfeld Unterstützung erhalten, ob Sie Familien- bzw. Pflegearbeit leisten oder Ihre Zeit frei einteilen können.

Eine Promotion besteht jedoch davon unabhängig immer aus denselben unterschiedlichen Phasen. Nachdem die oben besprochene Vorbereitungsphase abgeschlossen ist und die Doktorandin bzw. der Doktorand zur Promotion zugelassen ist, folgt die Phase des Forschens und des Schreibens. Diese Phase, die mit der Einreichung der Dissertation endet (vgl. zu den Formalien der Einreichung das Kapitel „Formalitäten: Formale Voraussetzungen zur Promotion" ab S. 29) umfasst in der Regel mindestens zwei, drei meistens aber mehr als drei Jahre. In dieser Zeit ist es wichtig, dass eine gute Betreuung gewährleistet ist. Diese kann in Einzelgesprächen mit den BetreuerInnen bestehen, idealerweise sollte dies jedoch durch die regelmäßige Präsentation des Standes und des Fortschritts der eigenen Arbeit in Kolloquien ergänzt werden. Im Kolloquium erhalten Promovierende in einem geschützten Raum Feedback durch die Promotionsbetreuung und durch andere Promovierende. Feedback im Promotionsprozess ist sehr wertvoll, es kann zudem Ängste abbauen, wenn bewusst wird, dass auch andere Promovierende ähnliche Probleme haben und dass viele Probleme in der Promotionsphase nicht durch persönliche Defizite, sondern durch die Struktur der Promotion z.B. Art des Betreuungsfeedbacks, Praktiken der Forschungsdisziplin, entstehen.

Während dieser langen Zeit können neben den promotionsrelevanten Kompetenzen, die durch das Arbeiten an der eigenen Dissertation quasi „on the job" erworben werden, wie Schreib-, Zeit- und Forschungsmanagement, i.d.R. auch weitere Schlüsselkompetenzen akademischen Arbeitens erworben werden. Auf die Schlüsselkompetenzen und auf Weiterbildungen gehe ich im Kapitel 7 „Karriereplanung und der Erwerb notwendiger Schlüsselkompetenzen" ab S. 73 noch näher ein.

Reihenfolge in der Promotionsphase

1. *Thema finden:* Sie müssen zuerst wissen, zu welchem Thema Sie promovieren möchten. Hier hilft es, aktuelle Forschungsliteratur zu sichten und einen Überblick über den Forschungsstand zu erhalten.

(Wie das genau geht, finden Sie im Kapitel 9 „Themenfindung – Themeneingrenzung – Fragestellung“).

2. BetreuerIn finden und ansprechen: Eine Betreuerin oder einen Betreuer zu wählen und diese oder diesen zu fragen, ob sie oder er die Promotion betreuen möchte, könnte synchron zur Themensuche geschehen, könnte aber auch erst dann stattfinden, wenn Sie genau wissen, was ihr Promotionsthema ist. (Näheres dazu finden Sie im Kapitel 4 „Die Promotionsbetreuung“).
3. Exposee *schreiben:* Wenn Sie den Forschungsstand kennen, können Sie beginnen, das Exposee zu schreiben, das notwendig ist, um einen Überblick über die Forschungsphase zu bekommen, aber meistens auch Voraussetzung zur Zulassung durch den Promotionsausschuss. (Alles zum Exposee finden Sie ab S. 75).
4. *Finanzierung sichern:* Sie sollten natürlich sicher sein, dass Sie in der Promotionsphase sicher finanziert werden. Dafür können Sie sich z.B. auf ein Stipendium bewerben oder eine Stelle als wissenschaftlicher/r MitarbeiterIn annehmen. (Mehr dazu im Kapitel 5 „Die Finanzierung der Promotionsphase“)
5. *Zulassung der Promotion:* Die Zulassung der Promotion liegt in den Händen des Promotionsausschusses. Bei diesem muss die Promotion mit der Einreichung diverser Unterlagen angemeldet werden. (Siehe Kapitel 3 „Formalitäten: Formale Voraussetzungen zur Promotion“)
6. *Die Arbeit an der Dissertation:* Die Phase des Arbeitens an der Dissertation, also die Forschungs- und Schreibphase, unterscheidet sich je nach Fachdisziplin. Beispielsweise beginnen Geistes-, Kultur- und SozialwissenschaftlerInnen meist früher mit dem Schreiben als NaturwissenschaftlerInnen, die sich länger in einer Labor- oder Versuchsphase befinden. In dieser Phase wird zum Beispiel der Forschungsstand gesichtet und es werden Hypothesen gebildet, geeignete Theorien und Forschungsmethoden ausgewählt und Forschungsinstrumente entwickelt. Es werden Daten erhoben, ausgewertet und interpretiert. Neben dieser Arbeit am Datenmaterial oder beim Schreiben sollten regelmäßige Feedbackgespräche mit der Promotionsbetreuung erfolgen, genauso wie Besuche des Kolloquiums.
7. *Einreichung der Dissertation:* Die Dissertation wird dann beim Promotionsausschuss eingereicht.
8. *Disputation/Rigorosum:* Nach der Begutachtung folgt die Verteidigung der Arbeit bzw. die Promotionsprüfung.
9. *Publikation der Dissertation:* Die Arbeit muss dann online oder als Buch veröffentlicht werden.
10. *Karriereplanung:* Die Planung der Zeit nach der Promotion sollte schon während der Promotionszeit erfolgen. Dazu kann es sinnvoll

sein, sich im Hinblick auf die gewünschte Berufsperspektive weiterzubilden.

Die hier nur kurz angeschnittenen einzelnen Schritte des Promovierens werden im vorliegenden Buch ausführlich erklärt. Was ich aber hier schon erwähnen möchte ist, dass dieser Verlauf nicht chronologisch erfolgt, so wie es die Liste nahelegt. Vielmehr bedeuten einige der einzelnen Punkte eine immer wiederkehrende Arbeit: So wird das Thema vielleicht immer weiter eingegrenzt, die Recherche wird ausgeweitet oder auf ein Gebiet fokussiert. Und auch das Schreiben an sich findet in vielen einzelnen Schritten und Überarbeitungsschleifen statt, bis aus einer ersten Rohfassung ein abgabefertiger Text entsteht.

Bevor ich im Folgenden allerdings auf die vielen Schritte der Promotionsphase eingehe, möchte ich zunächst einiges zu den Gründen aufführen, die eine Promotion sinnvoll machen – oder die dagegensprechen, ein Promotionsvorhaben in die Tat umzusetzen.

2.3 Was sind gute Gründe (nicht) zu promovieren?

Nach dem Studium nochmal einige Jahre für eine Promotion zu investieren, ist vielen Menschen eine gründliche Überlegung wert. Das ist auch gut so, denn eine Promotion bindet viele zeitliche Ressourcen, die dann für andere Dinge nicht mehr zur Verfügung stehen. Stetige BegleiterInnen sind in der Promotionsphase zudem der nagende Zweifel an den eigenen wissenschaftlichen Kompetenzen, der zeitlichen Umsetzbarkeit des Promotionsprojekts sowie zahlreiche To-Do-Listen, die abgearbeitet werden wollen. Und auch das Lebensgefühl ist bei vielen Promovierenden vor allem durch das Unwohlsein verursachende Gefühl geprägt, dass man lieber an der Dissertation sitzen sollte, anstatt Eis zu essen, in den Urlaub zu fahren, Sport zu treiben oder sonstige Freizeitaktivitäten oder Familienarbeiten zu betreiben.

Ob sich für Sie eine Promotion umsetzen lässt, erkennen Sie daran, dass Sie Ihre eigenen Motive und die Ziele kennen und Sie es schaffen, diese auch während der Promotionsjahre nicht aus den Augen zu verlieren.

Einige Zahlen vorweg

In Deutschland beenden pro Jahr ca. 25.000 Promovierende ihre Promotion. Im Zeitraum 2000–2009 wurden jährlich zwischen 24.000 und 25.500 Promotionen erfolgreich abgeschlossen, im Jahr 2010 waren es 25.600 Promotionen (BuWiN 2013).

Promovierende in Deutschland sind, wenn sie die Promotion abschließen, statistisch 33 Jahre alt. Dabei sind Promovierte der Humanmedizin durchschnittlich etwas jünger (31 Jahre) und Promovierte der Fächergruppen Kunst, Kunstwissenschaften, Sprach- und Kulturwissenschaften und Sport eher älter (ebd.).

Über aktuelle Promotionsdauern ist wenig bekannt: Eine Studie von Enders und Bornmann aus dem Jahr 2001 stellt heraus, dass die Promotionsdauer in Deutschland im Schnitt 5,7 Jahre dauert. Dabei werden als reine Bearbeitungsdauer durchschnittlich 4,2 Jahre gezählt, der Rest der Zeit wird für die Begutachtung, die Verteidigung der Arbeit oder die mündliche Prüfung und die Publikation verwendet. Die Promotionsdauern unterscheiden sich nach den unterschiedlichen Fachdisziplinen. Zum Beispiel promovieren SozialwissenschaftlerInnen länger als IngenieurInnen oder MathematikerInnen (Enders/Bornmann 2001). Generell hängt also die Dauer einer Promotion auch von der Fachdisziplin ab.

Die Fakultäten schreiben in ihren Promotionsordnungen keine Höchstdauer für einen Promotionsprozess vor. Für StipendiatInnen gelten Höchstförderzeiten je nach Stipendium von bis zu drei Jahren. Das bedeutet, dass die Finanzierung nach drei Jahren endet, unabhängig davon, ob die Promotion abgeschlossen wurde oder nicht. Viele StipendiatInnen beenden ihre Promotion aber auch erst nach der Höchstförderdauer.

Zusätzlich spielen Faktoren wie die Qualität und Quantität der Promotionsbetreuung eine Rolle, ebenso wie inhaltliche Herausforderungen, die durch das Promotionsthema oder im Forschungsprozess entstehen, sowie die Unterstützung durch das Umfeld (PartnerIn, Familie, FreundInnen, KollegInnen) und die finanzielle Absicherung. Die Promotionsdauer erhöht sich zum Teil erheblich, wenn viele andere Tätigkeiten, wie Familien-, Pflege- oder Berufsarbeit, neben der Promotion zu leisten sind. Auch Familiengründungen, Trennungen, Todesfälle nahestehender Personen, Krankheiten, und berufliche Bedingungen wirken sich auf die Promotionsdauer aus.

Motivation zur Promotion

Die Promotion ist die Einstiegsqualifikation für eine wissenschaftliche Karriere und eine der Voraussetzungen dafür, auf eine Universitäts- oder FH-Professur berufen werden zu können. Ansonsten ist eine Promotion möglicherweise beim Aufstieg auf der Karriereleiter, in Führungspositionen oder bei der Übernahme politischer Ämter nützlich, allerdings ist sie dafür keine formale Bedingung.

Werden Promovierende befragt, warum sie promovieren, fallen die Antworten dagegen unterschiedlich aus: Manche haben ein Thema gefunden, mit dem sie sich weiter wissenschaftlich beschäftigen möchten, wollen also aus rein inhaltlichem Interesse promovieren. Für andere ist die Promotion schlichtweg branchenüblich. Dies gilt z.B. für ChemikerInnen oder ÄrztInnen, von denen sich viele für eine Promotion entscheiden. Andere Promovierende wurden bereits während des Studiums durch eine Professorin oder einen Professor angesprochen und gefragt, ob sie sich vorstellen könnten, zu promovieren. Wieder andere wussten nach dem Studium noch nicht genau, was sie mit dem Studienabschluss machen wollten, hatten keinen Job gefunden oder wollten ihre Berufsaussichten verbessern. Für andere wiederum war bereits im Studium klar, dass sie in der Wissenschaft arbeiten wollen und eine Karriere anstreben, die auf jeden Fall eine Berufstätigkeit in der Forschung oder Lehre beinhaltet. Manche Menschen überlegten sich aber auch erst einige Jahre nach dem Berufseintritt zu promovieren, etwa weil sie im Berufsalltag interessante Erkenntnisse gesammelt haben, die sie wissenschaftlich aufarbeiten möchten.

Es gibt sicher Entscheidungen, die einfacher zu treffen sind als die Entscheidung für, oder gegen eine Promotion. Vor Beginn Ihrer Promotion sollten Sie die Motive Ihrer Promotionsabsicht gründlich prüfen. Ob Sie dazu gedrängt werden, ob Sie in oder außerhalb der Wissenschaft Karriere machen wollen, oder ob Sie selber ein großes Interesse an Ihrem Thema haben – wichtig ist es, herauszufinden, ob Ihre Motivation so groß ist, dass sie Sie durch die gesamte Promotionsphase trägt.

FAQs zur Entscheidung für oder gegen eine Promotion

Welche Vorteile bringt eine Promotion, wenn ich nicht in der Wissenschaft bleiben will?
Formal zunächst erstmal keine, denn eine Promotion ist eine formale Zugangsvoraussetzung für eine Karriere in der Hochschule. Trotzdem kann eine Promotion auch Vorteile außerhalb der Wissenschaft haben, z.B. wenn es Leitungspositionen zu besetzen gibt. Dazu kommt, dass Sie mit einer Promotion Expertise in einem bestimmten Forschungsfeld beweisen. Wenn das diejenige Expertise ist, die außerhalb der Wissenschaft gebraucht wird, können Sie als ExpertIn Vorteile haben.

Ergeben sich für mich durch die Promotion Nachteile außerhalb der Wissenschaft?
In der Regel bedeutet eine Promotion eher eine Chance. Promovierte haben mit ihrer Promotion bewiesen, dass sie ExpertInnen auf vielen Gebieten sind: Sie sind fit im Projekt-, Zeit- und Konfliktmanagement, sind frustrationstolerant, belastbar und Kommunikationsprofis. Leider werden aber diese Kompetenzen bei der Entlohnung von Promovierten nicht unbedingt honoriert. Darum ist der Nutzen einer Promotion für Sie davon abhängig, wo Sie später arbeiten möchten und ob es sich für Sie lohnt, drei bis fünf Jahre in ein Pro-

motionsprojekt zu investieren oder ob Sie den angestrebten Posten auch ohne Promotion erreichen können.

Muss ich zu Beginn der Promotion schon wissen, was ich will?
Besser wäre es! Sollten sie aber noch nicht genau wissen, welches langfristige Ziel Sie mit der Promotion verfolgen können oder möchten, wären Sie nicht alleine, denn viele Promovierende und auch manche Promovierte wissen es noch nicht. Das betrifft vor allem diejenigen, deren Einstiegsmotivation das Interesse am Thema oder das Angebot eines Professors oder einer Professorin war, aber auch diejenigen, die eine Leidenschaft für ein bestimmtes Thema entwickelt haben. Das Karriereziel spielte bei der Entscheidung dann keine oder nur eine untergeordnete Rolle und stellt sich manchmal sogar erst im Nachhinein raus.

Was diejenigen angeht, die vorhaben, an der Hochschule Karriere zu machen, so kommt dazu, dass man eine Karriere an der Hochschule eher nicht planen kann. Sie ist abhängig vom universitären Arbeitsmarkt und nicht nur mit weiteren Qualifikationsschritten (Habilitation oder Juniorprofessur) verbunden, sondern unterliegt zudem vor allem politischen Entscheidungen in Form finanzieller Ausstattung der Hochschulen und ist daher begrenzt ein Ergebnis der eigentlichen, wissenschaftlichen Qualifikationen. Eine Professur zu erhalten, ist schon sehr schwierig, zumal der ProfessorInnenanteil sinkt und eine Emeritierungswelle, also das Ausscheiden aus Professuren, nicht zu erwarten ist (BuWiN 2013: 14).

Soll ich erst promovieren und dann in Beruf oder erst in den Beruf und später promovieren?
Diese Frage kann man nicht allgemein oder strategisch beantworten, denn hier gibt es kein „Richtig“ oder „Falsch“. Für die Berufstätigkeit spricht die Tatsache, dass mit dieser Option Sicherheit und Zukunftsplanung möglich wird, zumal die Phase sich in vielen Fällen mit der Familiengründungsphase deckt. Für eine Promotion direkt nach dem Studium spricht die Erfahrung, dass viele AbsolventInnen nach dem Berufseinstieg Zeit und Interesse an der Promotion verlieren.

Machen Sie Ihre Entscheidung von den Angeboten und Alternativen abhängig, die sich Ihnen zur Zeit des Studienabschlusses bieten. Haben sie zum Beispiel eine Stelle in Aussicht? Wie könnten Sie eine Promotion finanzieren? Und verfügen Sie über die richtige Motivation? Zahlreiche Promovierte haben sich erfolgreich dazu entschieden, vor dem Berufseinstieg zu promovieren. Das gleiche gilt jedoch auch für die Wahl, eine Promotion erst den Berufseinstieg zu planen oder als LehrerIn das Referendariat abzuleisten und danach eine Promotion zu beginnen. Manchmal ist es auch möglich, sich für eine Promotion beruflich freistellen zu lassen, beispielsweise dann, wenn eine Promotion auch im Interesse des Unternehmens ist,

Wann sollte ich nicht promovieren?
Eine Promotion bedeutet für viele Menschen nicht nur einfach eine wissenschaftliche Arbeit, sondern sie ist ein persönliches Projekt, an dem sie fast verzweifeln, dann aber wachsen und gestärkt hervorgehen. Für die persönliche Entwicklung ist das Promovieren also eine Herausforderung, die sich letztlich positiv auswirkt und zu einem gestärkten Selbstbewusstsein wie auch zu einem deutlichen Kompetenzzuwachs führt. Und auch für die Platzierung auf dem Arbeitsmarkt ist eine Promotion von Vorteil, denn die Arbeitslosenquote von Promovierten ist relativ gering (vgl. BuWiN 2008 und 2013).

Wenn Sie sich jedoch nicht zumuten wollen, einige Jahre an einem einzigen Forschungsprojekt zu sitzen, wenn Sie nicht gerne schreiben, über wenig Zeit verfügen oder wenn Sie von sich wissen, dass Sie dazu neigen schnell aufzugeben, dann sollten Sie sich gut überlegen, ob es vielleicht Sinn machen würde, von einem Promotionsvorhaben abzusehen und stattdessen etwas anderes z.B. eine andere Fortbildung zu probieren. Wenn Sie jetzt schon wissen, dass es ein (sehr oder sogar zu) schwerer Weg wird oder die Promotion Ihnen inhaltlich oder karrieretechnisch nicht oder nur wenig nützt, sollten Sie Ihre Promotionsabsicht nochmal überprüfen und sich ggf. von dieser Idee verabschieden.

In der Praxis kommt es vor, dass promotionswillige Menschen sagen: „Ich wollte immer schon mal ein Buch schreiben“. Aber auch das ist kein guter und ausreichender Grund für eine Promotion, denn eine Promotion ist eine Forschungsarbeit mit wissenschaftlicher Relevanz. Und das Promovieren umfasst deutlich mehr Aspekte als das Schreiben und Veröffentlichen eines Buches.

Kann ich eine Promotion einfach abbrechen?
Theoretisch können Sie jederzeit Ihre Promotion abbrechen, sofern Sie es sich finanziell leisten können. Fast alle Promovierenden überlegen während ihrer Promotionszeit mindestens einmal, ihre Promotion abzubrechen. Viele von ihnen überwinden aber die Krise und machen weiter. Für andere ist es jedoch aufgrund unterschiedlicher Umstände unumgänglich und sinnvoll, die Promotion abzubrechen. Ein solcher Promotionsabbruch wird meist von vielen Selbstzweifeln begleitet und hinterlässt bei manchen Menschen den belastenden Beigeschmack des Scheiterns und Versagens, darum fällt diese Entscheidung niemals leicht. Dennoch: Lieber ein Ende mit Schrecken als ein Schrecken ohne Ende ist hier definitiv die richtige Empfehlung!

Eine gute Idee ist es aber, die Flinte nicht gleich ins Korn zu werfen, sondern sich erst einmal Hilfe zu holen, die es vielleicht ermöglicht, dann doch relativ zügig das Promotionsvorhaben zu beenden. Es ist z.B. empfehlenswert, vor dem Promotionsabbruch einen Coach aufzusuchen und mit Menschen zu sprechen, die ihre Promotion schon mehr oder weniger erfolgreich beendet haben. Man sollte in diesem Fall analysieren, was der Knackpunkt ist. Wenn es an ausreichendem Zeitmanagement mangelt, eine Schreibblockade vorliegt oder das Stipendium ausläuft, können mit etwas Unterstützung neue Strategien gefunden werden. Auch ein Gespräch mit der Promotionsbetreuung und im schlimmsten Fall deren Wechsel kann einiges bewirken, wenn die fehlende Betreuung oder das Betreuungsverhältnis ein Problem darstellen.

Welche Unterstützung brauche ich durch mein Umfeld?
Oft verstehen Außenstehende nicht, wie man (freiwillig) so lange an einem Thema arbeiten kann und was für Krisen und Probleme eine Promotion mit sich bringt. Auch können sie die unterschiedlichen Phasen einer Promotion nicht nachvollziehen, gerade wenn es um die intensiven Schreibphasen geht, die einen nicht geselliger werden lassen. Das führt zu Fragen und Unverständnis bzw. massiver Kritik. Wichtig ist, dass Familie, Freunde und der Partner bzw. die Partnerin hinter Ihnen steht und Sie z.B. bei der Haushaltsführung und der Kinderbetreuung unterstützt. Auch wenn Sie von Nicht-Promovierenden nicht erwarten können, dass diese die Promotionsabläufe nachvollziehen können, benötigen Sie Toleranz und Hilfsbereitschaft. Haben sie einen Partner bzw. eine Partnerin, die nicht an Sie glaubt, werden Sie ihr Ziel vermutlich gar nicht, sehr langsam und spät, und nur unter erschwerten Bedingungen, erreichen. Genauso bedeutet eine intensive belastende Tätigkeit über mehrere Jahre, dass sich der Freundeskreis ändern wird. Verabschieden Sie sich von FreundInnen, die mit Ihnen das Partyleben des Studiums fortsetzen wollen und suchen Sie sich Menschen, die Sie unterstützen und ermutigen, sowie Menschen, die damit leben können und es einzuschätzen wissen, wenn Sie sich manchmal wochenlang nicht melden.

Muss ich mein Leben für die Promotion einschränken?
Ob und welche (zeitlichen) Abstriche Sie machen müssen, hängt stark von der Finanzierung Ihrer Promotion ab. Finanzieren Sie Ihre Promotion durch ein Stipendium, werden Sie eher weniger Geld zur Verfügung und einen entsprechenden Lebensstandard haben. Allerdings haben Sie in diesem Fall ausreichend Zeit, um an Ihrer Dissertation zu arbeiten und sich weiterzubilden. Gehen Sie während Ihrer Promotion einer Erwerbsarbeit nach und das ggf. sogar Vollzeit, haben Sie zwar Geld, aber kaum Zeit für Ihre Promotion. In diesem Fall müssen Sie entscheiden, auf welche Hobbies und auf welchen Teil des Freundes- und Familienkreises Sie für die Promotion in dieser Lebensphase (weitestgehend) verzichten. Ohne Einschränkungen wird die Promotion wahrscheinlich nicht zu machen sein.

> Nehmen Sie sich Zeit für die Entscheidung. Aufgeschoben bedeutet nicht unbedingt aufgehoben, d.h., Sie können auch zu einem späteren Zeitpunkt eine Promotion beginnen.

Bereiten Sie Ihre Promotion gut vor! Vor allem die Finanzierung der Promotionsphase sollte gesichert sein.

Suchen Sie sich Verbündete. Austausch und Netzwerke sind für die Promotion wichtig. Aktivieren Sie unbedingt auch private Netzwerke zur Unterstützung.

3 Formalitäten: formale Voraussetzungen zur Promotion

Um zur Promotion zugelassen zu werden, müssen die durch die Fakultät vorgegebenen Formalitäten eingehalten werden. Diese Formalitäten betreffen die Zugangsbedingungen zur Promotion, den Ablauf des Prozesses der Zulassung durch den Promotionsausschuss, die Begutachtung und Bewertung der Dissertation nach ihrer Einreichung, die Disputation bzw. das Rigorosum, die Vereinbarungen der Arbeitsbeziehungen zwischen PromovendIn, BetreuerIn und der Fakultät (also die Promotionsvereinbarung) sowie die Einhaltung von Fristen im gesamten Zulassungs- und Promotionsprozess.

3.1 Das Promotionsrecht

Das Recht, einen Doktorgrad verleihen zu dürfen, haben in Deutschland i.d.R. alle Universitäten und den Universitäten gleichgestellte Hochschulen, z.B. Kunsthochschulen oder pädagogische Hochschulen.

Fachhochschulen besitzen kein Promotionsrecht. Als Grund hierfür gilt deren Anwendungsbezug, also die traditionelle Ausrichtung von Fachhochschulen, für die Berufspraxis auszubilden und zu qualifizieren. Für AbsolventInnen von Fachhochschulen mit Masterabschluss besteht dennoch die Möglichkeit zur Promotion, allerdings müssen sie dies besonders planen (siehe S. 36 „Promotion mit Fachhochschulabschluss“).

3.2 Die Promotionsordnung

In der Promotionsordnung wird geregelt, wer mit welchem Studienabschluss an einer Fakultät unter welchen konkreten Bedingungen promovieren darf. Der Promotionsausschuss entscheidet über die Zulassung zur Promotion. Festgelegt wird hier, wie die Zulassung zur Promotion abläuft und welche Formalitäten und Fristen dabei einzuhalten sind, z.B. die Art und den Umfang der Unterlagen. Geregelt ist auch, welcher der zahlreichen in Deutschland gültigen Doktorgrade verliehen wird.

Für die Promotion ist immer jene Promotionsordnung bindend, die an der Fakultät des Erstbetreuers bzw. der Erstbetreuerin gültig ist.

> Informationen zur Promotion finden sich meistens auf den Webseiten der Fakultäten/Dekanate, manchmal auch unter den Angaben des Promotionsausschusses oder in der Kategorie „Forschung" auf den Universitäts-Webseiten.

In der Promotionsordnung ist auch nachzulesen, was die Promotion in der jeweiligen Fakultät bedeutet, bzw. ist dort festgehalten, welche Ziele mit der Promotion erreicht werden sollen. Eines der wichtigen Ziele ist, dass Promovierende mit der Dissertation eine eigenständige wissenschaftliche Leistung generieren. Der Beleg, eine eigenständige wissenschaftliche Leistung erbracht zu haben, muss je nach Promotionsordnung formuliert, und i.d.R. handschriftlich unterschrieben bei der Einreichung der Dissertation beigelegt werden.

Die Promotionsordnung bezieht sich auf alle Teile des Promotionsprozesses, also auf die Dissertation und ihre Begutachtung, auf die mündliche Verteidigung oder Prüfung und auf die Veröffentlichung der fertigen Arbeit. Die Promotionsordnung schreibt vor, welche Bedingungen und Abläufe bei den einzelnen Schritten einzuhalten sind.

Ebenso regelt eine Promotionsordnung, welche Personen die Promotion betreuen dürfen. Es ist festgehalten, ob ZweitbetreuerInnen aus der gleichen Fakultät oder Universität sein dürfen bzw. müssen oder auch extern hinzugezogen dürfen bzw. müssen und ob Sie von einer anderen Universität in Deutschland oder aus dem Ausland hinzugezogen dürfen bzw. müssen.

Auch wie die Kommission in der Disputation bzw. im Rigorosum besetzt sein soll, wie viele Mitglieder sie hat, ist in der Promotionsordnung nachzulesen. Es wird angeführt, wer neben den beiden GutachterInnen der Dissertation anwesend sein muss. Dabei ist genau aufgeschlüsselt, wie viele Personen der Kommission beisitzen, ob dies ProfessorInnen aus der Fakultät bzw. aus anderen Fakultäten sein sollen, oder ob dies auch Personen aus dem Mittelbau, also andere, bereits promovierte wissenschaftliche MitarbeiterInnen sein dürfen.

> Die Promotionsordnung regelt Zulassung und Ablauf der Promotion. Dort finden sich Informationen zu den Voraussetzungen und zu den Zulassungsmodalitäten sowie dazu, welche Nachweise eingereicht werden müssen. Die Promotionsordnung muss unbedingt VOR Beginn der Promotion gelesen werden!

Die Promotionsordnung regelt auch, welche akademischen Grade verliehen werden. Die Verleihung des jeweiligen akademischen Grads/ Doktorgrads hängt vom Promotionsthema ab. Die Auswahl des genauen Titels sollte mit der Promotionsbetreuung abgestimmt werden.

Der Promotionsausschuss

Der Promotionsausschuss besteht, ähnlich wie ein Prüfungsausschuss, aus Mitgliedern der jeweiligen Fakultät, also aus ProfessorInnen der zur Fakultät gehörenden Institute und einer/einem oder mehreren VertreterInnen der Promovierenden.

Zu den Aufgaben des Promotionsausschusses gehört es, zu prüfen, ob alle Zulassungskriterien zur Promotion erfüllt werden. Er stellt die Berechtigung von potentiellen Promovierenden zur Promotion fest und prüft das Einhalten der Formalitäten und Vorgaben, die sich für Promovierende und Betreuende aus der Promotionsordnung ergeben.

Der Promotionsausschuss einer Fakultät tagt regelmäßig, d.h. je nach Größe der Fakultät bzw. der Anzahl der Promovierenden mehr oder weniger oft im Semester, dabei aber eher selten außerhalb der Vorlesungszeiten. Da der Promotionsausschuss die Promotionswilligen zur Promotion zulässt und dies möglichst früh im Promotionsprozess erfolgen sollte, ist es sehr wichtig, dass die zukünftig Promovierenden die Termine kennen, an denen der Ausschuss tagt und zu denen die Unterlagen zur Zulassung der Promotion (und später auch die fertige Dissertation) eingereicht sein müssen.

Die genauen Termine, eventuelle Fristen und sonstige Regelungen und wichtigen Informationen finden sich meistens auf den Webseiten der Dekanate. Zudem können diese bei den Promotionsausschussmitgliedern oder den Dekanaten erfragt werden und stehen möglicherweise in der Promotionsordnung, z.B. dass nur jeweils zum 01. April und 01.Oktober Zulassungen erfolgen.

Ansprechbar für die Zulassung zur Promotion ist der Promotionsausschuss, der durch eine Vorsitzende oder einen Vorsitzenden oder in manchen Fällen auch durch eine oder einen GeschäftsführerIn vertreten wird.

Angesiedelt ist der Promotionsausschuss i.d.R. im Dekanat der jeweiligen Fakultät.

Die Promotionsvereinbarung

Promotionsvereinbarungen zwischen Promovierenden, betreuenden und DekanInnen sind in Deutschland relativ neu. Die Promovierenden-Initiative und Projektgruppe „DoktorandInnen“ der GEW hat im Jahr 2004 die erste Muster-Promotionsvereinbarung herausgegeben, nach deren Idee und Vorlage anschließend zahlreiche weitere Promotionsvereinbarungen entstanden sind.

Einige Universitäten haben sich bereits auf eine verbindliche Promotionsvereinbarung geeinigt und in die Promotionsordnung einfließen lassen. Diese wird zwischen den Promovierenden, den Promotionsbetreuenden und der Fakultät geschlossen.

In einer Promotionsvereinbarung erklären Promovend/in und Betreuer/in die Absicht eines erfolgreichen Promotions- und Betreuungsverhältnisses. Oft ist dort auch vereinbart, um welche Art der Dissertation es sich handelt, ob es sich beispielsweise um eine experimentelle, empirische oder theoretische Arbeit handelt. Und auch Teilschritte der eigenständigen Forschungsarbeit der oder des Promovierenden und die Sprache, in der die Arbeit verfasst wird, werden hier schriftlich festgehalten. Oft wird auch eine geplante Zeitspanne vereinbart, in der die Arbeit fertiggestellt werden soll. Besonders günstig ist es jedoch meines Ermessens für die Promovierenden, wenn darüber hinaus auch genau geregelt ist, wie oft Betreuungsgespräche stattfinden, wie oft und welche Form von Feedback gegeben wird, ob bzw. welche Kolloquien angeboten werden und in welchem Umfang diese genutzt werden sollen/dürfen und ob bzw. inwiefern Räume und Material zur Verfügung gestellt werden.

Die Promotionsvereinbarung muss, sofern sie in der Promotionsordnung verpflichtend vorgeschrieben ist, mit dem Antrag auf Zulassung zur Promotion eingereicht werden. Dazu sollte sie vorher von den Betreuenden, der oder dem Promovierenden und ggf. von der oder dem Fakultätsleitenden unterschrieben werden.

Eine Besonderheit der Promotionsvereinbarungen vieler Universitäten ist, dass auch der Dekan bzw. die Dekanin mit ihrer Unterschrift die Fakultät vertritt. So übernimmt auch die Fakultät eine Verantwortung für den erfolgreichen Abschluss der Promotionen und verpflichtet sich, im Notfall, z.B. wenn der/die PromotionsbetreuerIn die Betreuung und Begutachtung nicht zu Ende führen kann oder will, z.B. bei Konflikten, Krankheit/Tod/Uni-Wechsel, die Promovierende bzw. den Promovierenden beim Abschluss der Promotion zu unterstützen. Diese Unterstützung bedeutet in der Praxis konkret, dass der Promotionsausschuss eine andere Betreuerin oder einen anderen Betreuer aus der Fakultät vorschlägt.

Eine Promotionsvereinbarung entspricht eher einer Absichtserklärung als einem Vertrag. Rechtlich gilt sie als „Obliegenheit“, an die sich alle Beteiligten halten sollen. Eine Möglichkeit die in der Promotionsvereinbarung vereinbarten Absprachen einzuklagen besteht nicht.

Wenn Sie sich über Promotionsvereinbarungen informieren möchten, empfehle ich Ihnen die Empfehlungen der DFG zu Promotionsvereinbarungen, die Sie unter www.dfg.de/formulare/1_90/1_90.pdf einsehen können.

Außerdem stellt die Promovierenden-Initiative eine Mustervereinbarung bereit: www.promovierenden-initiative.de/materialien/pv_muster.rtf

Die Zulassung zur Promotion und die Einschreibung als PromotionsstudentIn

Sie *können* sich während Ihrer Promotion im Studierendensekretariat als PromotionsstudentIn einschreiben und *müssen* zur Promotion durch den Promotionsausschuss zugelassen werden.

Die Zulassung zur Promotion und die Einschreibung als PromotionsstudentIn sind zwei unterschiedliche Arten von Formalitäten. Die Beantragung der Zulassung zur Promotion und die Einschreibung als PromotionsstudentIn geschehen getrennt voneinander.

Wie ich schon erläutert habe, ist die formale Voraussetzung für die Promotion die Zulassung durch den Promotionsausschuss, für die die Regeln der Promotionsordnung gelten.

In manchen Promotionsordnungen ist jedoch ein bisher noch nicht weiter erörtertes weiteres Zulassungskriterium festgehalten: das Promotionsstudium. In diesem Fall muss der oder die Promovierende ein Promotionsstudium absolvieren, oder aber promotionsvorbereitende Leistungen erbringen, das ist häufig bei fachfremder Promotion (S. 35) oder bei einer Promotion mit Fachhochschulabschluss (S. 36) der Fall. Für diese Art des Promotionsstudiums muss man sich i.d.R. auch einschreiben. Dieses Promotionsstudium ist ein Aufbaustudium, das den Promovierenden diejenigen Qualifikationen vermitteln soll, die für das Promovieren notwendig sind und die im regulären Studium nicht vermittelt werden.

Eine Zulassung zur Promotion durch den Promotionsausschuss – in manchen Fakultäten wird die Zulassung auch als die „Aufnahme auf die (PromovendInnen- oder Promotions-)Liste bezeichnet – benötigen Sie zwingend!

Sich im Studierendensekretariat als PromotionsstudentIn einschreiben müssen Sie jedoch nur, wenn die Promotionsordnung ein Promotionsstudium als verbindliches Zulassungskriterium vorsieht.

Die Promotionsdauer und das Wissenschaftszeitvertragsgesetz

Bisher gibt es in Deutschland bisher keine formal einzuhaltende Promotionshöchstdauer. Gäbe es eine Höchstdauer für die Promotion, wäre diese in der Promotionsordnung ausgewiesen.

Ein Blick auf die angestrebte eigene Promotionsdauer erweist sich jedoch dennoch in vielerlei Hinsicht als sinnvoll, etwa bei der Lebens- und Karriereplanung. Besonders wichtig wird die Promotionsdauer, wenn Sie eine wissenschaftliche Karriere als (Junior-)Professorin oder Professor anstreben. Besonders gut planen müssen Sie mindestens in diesem Fall auf der Basis des Wissenschaftszeitvertragsgesetzes (WissZeitVG), das die Dauer der befristeten Beschäftigung des wissenschaftlichen und künstlerischen Personals an Hochschulen und außeruniversitären Forschungseinrichtungen begrenzt. So kann wissenschaftliches und künstlerisches Personal ohne abgeschlossene Promotion bis zu sechs Jahre lang beschäftigt werden. Nach Abschluss der Promotion können dann befristete Arbeitsverträge von wiederum bis zu sechs Jahren erfüllt werden. Diese beiden sechsjährigen Zeitspannen gelten in dieser Form jedoch nicht für Eltern, denn wenn von der oder dem Promovierenden ein oder mehrere Kinder unter 18 Jahren betreut werden, verlängert sich die Befristungsdauer pro Kind um 2 Jahre.

> Das Gesetz über befristete Arbeitsverträge in der Wissenschaft (Wissenschaftszeitvertragsgesetz – WissZeitVG) finden Sie online unter: www.gesetze-im-internet.de/wisszeitvg/BJNR050610007.html

Wer in weniger als sechs Jahren seine Promotion abschließt, der kann die eingesparte Zeit in der Post-doc-Phase einfließen lassen. Wenn Sie also nur 4 Jahre für die Promotion benötigen, haben Sie anschließend noch 8 Jahre Zeit. Und: Unter bestimmten Bedingungen können Sie auch nach den 6 plus 6 Jahren befristet an einer Hochschule beschäftigt sein. Es gelten dann besondere Regelungen des WissZeitVG für Drittmittelbefristungen. Das bedeutet, dass Sie beispielsweise im Rahmen von drittmittelgeförderten (Forschungs-) Projekten theoretisch bis zu Ihrer Rente an der Hochschule arbeiten könnten. Dies könnte jedoch bedeuten, sich von Kurzzeitvertrag zu Kurzzeitvertrag zu hangeln, was durch die ständige Unsicherheit eine Zukunftsplanung verunmöglicht und auch aufgrund des immensen Drucks, sich ständig wieder um Gelder bemühen zu müssen, eine Zumutung für AkademikerInnen darstellt.

> Ist es Ihr Plan, ProfessorIn zu werden, oder schließen Sie dies zumindest nicht aus, sollten Sie Ihre Befristungsmöglichkeiten in und nach der Promotionsphase nicht ausreizen. Denn eine Juniorprofessur ist auf sechs Jahre befristet und kann in den meisten Fällen nur angetreten werden, wenn Sie über die Möglichkeit verfügen, noch sechs Jahre be-

fristet beschäftigt sein zu können. Informieren Sie sich hierzu unbedingt vorab!

Einen Ratgeber zum Thema bietet die Gewerkschaft Erziehung und Wissenschaft (GEW) mit dem Titel „Befristete Verträge in der Wissenschaft“ online an: www.gew-berlin.de/public/media/140213_Broschuere_Befristungsrecht_Endfassung_2014.pdf

3.3 Besondere Herausforderungen bei der Promotionsplanung

Bei der Planung einer Promotion kann es besondere Herausforderungen geben. So wird es zum Beispiel schnell schwierig, wenn Sie fachfremd, also in einem anderen Fach als dem, das Sie studiert haben, promovieren möchten. Auch Promovieren mit einem FH-Abschluss kann eine besondere Planung notwendig machen, genauso wie ein Promotionswunsch, ohne dass Sie die in der Promotionsordnung genannten Voraussetzungen erfüllen, was z.B. die Mindestnote Ihres Studienabschlusses betrifft. Eine besondere Planung können auch die Fast-Track-Promotion ohne Diplom- oder Masterabschluss und die kumulierte Promotion, bei denen nicht eine Dissertation sondern eine vorgeschriebene Anzahl von Aufsätzen eingereicht wird, oder eine Promotion mit einem ausländischen Masterabschluss erfordern.

Fachfremde Promotion

Zu den Voraussetzungen zur Promotion zählt in den meisten Promotionsordnungen ein einschlägiger Studienabschluss. Das bedeutet, dass sich das Studienfach und die Promotion fachlich decken sollten, also dass das Fach, in dem man promovieren möchte, idealerweise auch das Fach ist, das studiert wurde. Mit der fachfremden Promotion ist eine Promotion gemeint, die nicht im ursprünglich studierten Fach stattfindet. Das kommt dann vor, wenn das Promotionsthema besser in eine andere als in das ursprünglich studierte Fachdisziplin passt oder Sie eine Betreuerin oder einen Betreuer aus einem anderen Fach an Ihnen interessiert ist.

Ob Sie ohne zusätzlichen Aufwand eine fachfremde Promotion beginnen können oder ob Sie vorher ggf. noch weitere Studienleistungen/Credits erbringen müssen, regelt die Promotionsordnung. Meist muss beim Promotionsausschuss ein Antrag gestellt werden. Zeigen Sie dabei auf, welche Inhalte des Promotionsfachs Sie bereits in Ihrem Fach studiert haben.

Möchten Sie beispielsweise als KulturwissenschaftlerIn in der Psychologie promovieren, dann regelt die Promotionsordnung der Fakultät Psychologie, ob das möglich ist bzw. welche Leistungen Sie in der Promotionsphase zusätzlich erbringen müssen, um zur Promotion zugelassen zu werden.

Promotion mit Fachhochschulabschluss

Im Gegensatz zu Universitäten besitzen Fachhochschulen i.d.R. kein Promotionsrecht. Daher ist eine Promotion nur an einer Universität möglich. Wer unter welchen Bedingungen und Voraussetzungen in welcher Fakultät an einer Universität promovieren darf, wird durch die Promotionsordnungen geregelt, das gilt auch für den Zugang für FH-Promovierende.

Die aktuelle Rechtsprechung[2], die in den Hochschulgesetzen der Länder fixiert ist, sieht vor, dass Masterabschlüsse an Fachhochschulen mit den Masterabschlüssen der Universitäten gleichgestellt sind. Daher sind Sie grundsätzlich dazu berechtigt, mit einem FH-Masterabschluss zu promovieren. Möglicherweise müssen Sie jedoch – je nach Promotionsordnung zum Teil differente – promotionsvorbereitende Leistungen erbringen und/oder während der Promotion ein Promotionsstudium ableisten. Es besteht zudem die Möglichkeit, dass Sie aufgefordert werden, an einem Graduiertenprogramm/Graduiertenkolleg teilzunehmen.

> Wenn Sie einen FH-Abschluss besitzen, sollten Sie die für Sie infrage kommenden Promotionsordnungen gründlich lesen und prüfen, welche besonderen Bedingungen für Ihre Promotion gelten.

Da sich die Regelungen für den Zugang zur Promotion von FH-AbsolventInnen in den einzelnen Promotionsordnungen der Universitäten bzw. der Fakultäten stark voneinander unterscheiden, kann es sinnvoll sein, die einzelnen Promotionsordnungen im Hinblick auf die zu erbringenden Leistungen zu prüfen und auf dieser Basis eine strategische Entscheidung zu treffen, was die Wahl der Promotionsbetreuung und damit des Promotionsortes angeht. Auf jeden Fall jedoch sollten Sie frühzeitig damit beginnen, die zur Promotion erforderlichen zusätzlichen Leistungen abzuleisten. Denn in den intensiven Schreib- und Überarbeitungsphasen vor der Abgabe Ihrer Dissertation werden Sie dazu erfahrungsgemäß keine Muße haben.

> Sollte die Promotionsordnung vorsehen, dass Sie aufgrund Ihres FH-Abschlusses promotionsvorbereitende Leistungen erbringen müssen, versuchen Sie diejenigen Veranstaltungen auszuwählen, die sich mit

[2] Die Hochschulgesetze der einzelnen Bundesländer können Sie auf der Webseite des deutschen Hochschulverbandes einsehen http://www.hochschulverband.de/cms1/hochschul gesetzsammlung.html.

den Inhalten Ihrer geplanten Dissertation decken. Möglicherweise können Sie währenddessen die Themen für Ihre Promotion nutzen.

Was für Sie sicherlich auch von Interesse ist: Kooperationsverträge zwischen Fachhochschulen und Universitäten regeln die Beteiligung von FachhochschulprofessorInnen an Promotionsverfahren in den Universitäten. Diese Verträge bieten die Möglichkeit, dass Promovierende von Universitäts- und FachhochschulprofessorInnen betreut werden können. Dies gilt übrigens gleichermaßen für FH- wie Universitäts-AbsolventInnen.

Wenn Sie an weiterführenden Informationen zur Promotion mit einem FH-Abschluss interessiert sind, empfehle ich Ihnen folgende Quellen:

Wissenschaftsrat (Hg.) (2002): Empfehlungen zur Rolle der Fachhochschulen im Hochschulsystem. Abrufbar unter: www.wissenschaftsrat.de/download/archiv/10031-10.pdf (ab S. 126)

Hochschulrahmengesetz. Abrufbar unter: www.bmbf.de/de/1600.php

Promotion ohne Mindestnote

Ob bzw. welche Mindestnote für die Zulassung zur Promotion vorausgesetzt wird, wird der Promotionsordnung ersichtlich, in der die Zugangsvoraussetzungen aufgeführt sind. Dort steht auch, ob Ausnahmen zulässig sind und wer darüber entscheidet.

Wird eine (nicht erfüllte) Mindestnote angeführt, und sollte es nicht möglich sein, begründete Ausnahmen geltend zu machen, kann im Rahmen dieser Promotionsordnung nicht promoviert werden. In einem Gespräch mit der zukünftigen Promotionsbetreuung lässt sich klären, ob es andere Möglichkeiten gibt, zu promovieren. Ein ablehnender Bescheid des Promotionsausschusses könnte also auch darauf hinweisen, dass Sie die Promotion möglicherweise an einer anderen Universität/Fakultät realisieren können.

Finden sie mit Hilfe der Promotionsordnung heraus, ob zur Promotion eine Mindest-Abschlussnote Ihres Studiums vorgesehen ist. Sollte eine Mindestnote vorgesehen sein, die Sie nicht erfüllen, und sollte eine Promotion an dieser Fakultät auch mit Ausnahme- und Härteregelungen nicht möglich sein, müssen Sie auf eine andere Promotionsordnung, die evtl. auf Mindestnoten verzichtet und somit auf eine andere Fakultät ausweichen, oder sich komplett von einer Promotion verabschieden.

Fast-Track-Promotion

Mit einer Fast-Track-Promotion ist eine Promotion gemeint, die nach dem Bachelorabschluss begonnen wird, sodass auf die sonst übliche Promotionsvoraussetzung eines Diplom- oder Masterabschlusses verzichtet wird. Ob bzw. wie eine Fast-Track-Promotion möglich ist, ist in der Promotionsordnung nachzulesen.

In der Praxis ist die Fast-Track-Promotion in vielen Fällen mit einem Promotionsstudium kombiniert. Dies kann beispielsweise ein verkürzter Masterstudiengang sein, an den die Promotion anschließt. In diesem Fall wird statt der Masterarbeit ein Promotionsexposee verfasst und daran anschließend die Promotion begonnen. In der Regel bedeutet das die Teilnahme an einem Promotionskolleg bzw. Graduiertenprogramm.

Angesprochen werden sollen mit der Fast-Track-Promotion häufig besonders gute Studierende, die exzellente Noten nachweisen können. Eine Besonderheit dieser Promotionsform ist, dass die Promovierenden durchschnittlich jünger sind und dass sie dem akademischen Arbeitsmarkt schneller zur Verfügung stehen. Als nachteilig könnte sich jedoch erweisen, dass Fast-Track-Promovierende bei einem Promotionsabbruch keinen Masterabschluss vorweisen können. Ausnahme könnte die Angebundenheit an ein besonderes Graduiertenprogramm sein, zum Beispiel indem Fast-Track-Promovierende eine Wahlmöglichkeit zwischen Masterabschluss und einer Promotion haben. So würde das Exposee als Masterarbeit gewertet und bei Nichterreichen eines Promotionsabschlusses wäre auf jeden Fall der Masterabschluss gesichert.

Kumulierte Promotion

Als kumulierte Promotion wird eine Promotion bezeichnet, bei der die Dissertation nicht als Monografie, sondern in Form mehrerer Aufsätze geleistet wird. Dazu zählen Aufsätze, die in bestimmten wissenschaftlich relevanten Medien publiziert wurden, z.B. in Fachzeitschriften und die durch ein Review bzw. Peer-Review-Verfahren, also eine externe Begutachtung gingen.

Ob eine kumulierte Promotion möglich ist und wie viele Aufsätze es sein müssen und in welchen Medien diese genau veröffentlicht sein müssen, schreibt die Promotionsordnung vor. Genauso schreibt sie i.d.R. vor, dass bei den unterschiedlichen Veröffentlichungen ein zentrales Thema im Mittelpunkt steht. Zusätzlich sind dann auch noch eine Einleitung und ggf. auch noch eine Synopse der einzelnen Aufsätze zu schreiben.

Die kumulierte Promotion ist nicht in allen Fächern gleichermaßen erwünscht bzw. bereits etabliert. Sie ist bisher eher in den Naturwissenschaften üblich, in den Geistes-, Sozial- und Kulturwissenschaften ist sie bisher seltener in den Promotionsordnungen spezifiziert. Sie bietet sich für diejenigen Promovierenden an, die in einem oder mehreren Forschungsprojekten arbeiten und in diesem Rahmen Artikel im Peer-Review-Verfahren veröffentlichen. Es bietet sich dann an, diese Veröffentlichungen zur kumulierten Promotion zu nutzen.

Promovieren mit ausländischem Diplom- oder Masterabschluss

Einer besonderen Organisation bedarf es meistens, wenn sie Ihren Masterabschluss im Ausland erworben haben und dieser die Zugangsberechtigung zur Promotion an einer deutschen Universität darstellt. Der Promotionsausschuss muss diesen Abschluss i.d.R. besonders prüfen um festzustellen ob Ihr Abschluss zu einem deutschen Studienabschluss gleichwertig ist und Sie an der jeweiligen Fakultät promovieren können.

Oft ist es dazu notwendig, weitere Unterlagen einzureichen z.B. übersetzte beglaubigte Kopie des Studienabschlusses (Master, Diplom etc.), Lebenslauf mit der Schilderung des Schul- und Studienverlaufs, Zusammenstellung der Vorlesungen, Übungen und Seminare. In manchen Fällen muss sogar eine Anerkennungsprüfung abgelegt werden.

Welche Bedingungen Sie mit einem ausländischen Studienabschluss erfüllen müssen, und wie Sie dabei vorgehen, können Sie der jeweiligen Promotionsordnung entnehmen.

4 DIE PROMOTIONSBETREUUNG

Promotionen werden üblicherweise von zwei PromotionsbetreuerInnen betreut. Früher wurden (und heute werden manchmal auch noch) PromotionsbetreuerInnen als Doktorväter oder Doktormütter bezeichnet. In den aktuellen Promotionsordnungen wird jedoch von der Promotionsbetreuung bzw. der Promotionsbetreuerin/dem Promotionsbetreuer gesprochen, und das soll auch hier die gültige Bezeichnung sein.

> Die Erst- und ZweitbetreuerInnen sind i.d.R. auch die GutachterInnen der Dissertation. Sie werden nach der Einreichung der Dissertation vom Promotionsausschuss aufgefordert, Gutachten zu erstellen und eine Note zu vergeben. Sie gehören dann auch zur Kommission bei der Verteidigung (Disputation) oder des Rigorosums.

Die Begutachtung der Promotion erfolgt gemäß der Promotionsordnung meistens durch zwei Personen. Diese werden als ErstbetreuerIn und ZweitbetreuerIn bezeichnet. Häufig wird in der Praxis die Zweitbetreuung nicht schon zu Beginn der Promotion sondern erst im Laufe des Promotionsprozesses ausgewählt. Spätestens bei der Einreichung der Dissertation muss jedoch feststehen, wer die Zweitbetreuung übernimmt. Idealerweise passiert das aber schon sehr viel früher, da die frühzeitige und regelmäßige fachliche Beratung durch den Zweitbetreuer oder die Zweitbetreuerin für die Promovierenden sehr gewinnbringend sein kann.

> Um zur Promotion zugelassen zu werden, benötigen Sie zu Beginn der Promotion mindestens eine Promotionsbetreuerin oder einen Promotionsbetreuer. Zur Eröffnung des Promotionsverfahrens, also bei Einreichung der Dissertation, benötigen Sie zusätzlich eine Zweitgutachterin oder einen Zweitgutachter.

Als ErstbetreuerIn wird diejenige Person bezeichnet, die die Erstellung der Dissertation fachlich hauptsächlich betreut. In der Fakultät, zu der die Erstbetreuung gehört, wird auch die Zulassung zur Promotion beantragt. Ob die Zweitbetreuung bzw. die Zweitbegutachtung aus der gleichen Fakultät/Universität gestellt werden muss oder ob es die Möglichkeit gibt, externe PromotionsbetreuerInnen zu wählen, lässt sich der Promotionsordnung entnehmen. In allen Fällen gilt jedoch, dass Promovierende und beide BetreuerInnen sich an die Vorgaben der Promotionsordnung der ErstbetreuerIn bzw.

ErstgutachterIn zu halten haben, also derjenigen Promotionsordnung, die an der Fakultät bzw. am Fachbereich der/des ErstbetreuerIn gilt.

Die Promotionsbetreuung begleitet die Promotion fachlich, unterstützt beim Schreiben des Promotionsexposees, schreibt ggf. ein Gutachten zur Bewerbung auf ein Stipendium und gibt im Verlauf des Promotionsprozesses mehrmals Feedback. Außerdem werden von PromotionsbetreuerInnen fast immer Kolloquien angeboten, in denen Promovierende den Fortschritt ihrer Arbeiten vorstellen und mit anderen Promovierenden diskutieren können. Viele PromotionsbetreuerInnen ermuntern ihre DoktorandInnen zusätzlich, wissenschaftliche Tagungen zu besuchen, Vorträge zu halten, Aufsätze zu publizieren und zu lehren.

Was genau Promovierende jedoch von der Betreuung erwarten können, kann stark variieren und wird zudem oftmals nicht verbalisiert, sodass BetreuerIn und PromovendIn unterschiedliche Vorstellungen haben können, die in Enttäuschungen und Frustration münden. Es ist dementsprechend sinnvoll, eine formale Promotionsvereinbarung (siehe S. 31) zu schließen. Dies ist an vielen Universitäten üblich, und diese Möglichkeit sollte unbedingt genutzt werden. Aber auch ohne die Verpflichtung einer schriftlichen Vereinbarung sollten die Rahmenbedingungen geklärt sein.

4.1 Eine Promotionsbetreuung suchen und finden

Manchmal bieten ProfessorInnen einzelnen ihrer Studierenden bereits während des Studiums eine Promotion inklusive Promotionsbetreuung an. In einigen dieser Fälle ist dies mit dem Angebot einer Stelle als wissenschaftliche MitarbeiterIn verbunden, also mit der Möglichkeit, im Rahmen eines Forschungsprojektes zu promovieren. Dies ist gerade dann von Vorteil, wenn das Projektthema mit dem Thema der Dissertation harmoniert, sodass der oder die Promovierende sich sehr intensiv mit „seinem/ihrem" Thema auseinander setzen kann. Es hat jedoch den Nachteil der doppelten Abhängigkeit, wenn die Chefin oder der Chef gleichzeitig die Betreuung der Dissertation übernimmt. Wer das nicht möchte oder wem diese Gelegenheit nicht geboten wird, muss sich aktiv um eine Promotionsbetreuung bemühen.

Bei der Suche nach einer Betreuung sollte die fachliche Expertise des Professors bzw. der Professorin für das geplante Promotionsthema im Vordergrund stehen. Möglicherweise sind aus dem Studium bereits ProfessorInnen bekannt, die dann persönlich angesprochen werden können. Ansonsten bietet sich eine umfassende Recherche an. Günstig ist es hier, Fachliteratur zu studieren, die man für die Systematisierung des aktuellen Forschungsstandes ohnehin braucht, um ExpertInnen für das Promotionsthema zu finden.

Weiterführende Informationen zu den WissenschaftlerInnen können dann den Webseiten entnommen werden.

Bevor jedoch eine mögliche Promotionsbetreuerin oder ein möglicher Promotionsbetreuer angesprochen wird, sollte man sich schon intensive Gedanken zum Promotionsthema gemacht haben. Das bedeutet, dass die wichtigste Forschungsliteratur gelesen ist und schon mögliche spannende, wissenschaftlich relevante Forschungsfragen ausformuliert sind. Sinnvoll kann es auch sein, bereits den Promotionsverlauf grob geplant zu haben.

Wie die erste Kontaktaufnahme stattfindet, ist genau zu überlegen. Wenn ein persönlicher Eindruck gewünscht ist, empfiehlt es sich, einen öffentlichen Vortrag bzw. eine Tagung zu besuchen, um sich ggf. auch persönlich vorzustellen. Ansonsten empfehle ich eine E-Mail mit der Bitte um einen Gesprächstermin. An die E-Mail angehängt werden sollten in diesem Fall die für die Promotion relevanten Angaben zur eigenen Person. Sie könnten kurz benennen, welche wissenschaftliche Ausbildung Sie genossen haben (z.B. Studienschwerpunkte, Studienabschluss) und welches Promotionsthema Sie interessiert (z.B. Forschungsfragen und eine Ideenskizze (siehe dazu auch Kapitel 11.1 „Die Ideenskizze" ab. S. 141). Auf dieser Grundlage kann die angeschriebene Person die eigene fachliche Zuständigkeit für das Thema, dessen wissenschaftliche Relevanz und das Interesse an der Betreuung prüfen und Sie kontaktieren. Vergessen Sie bitte nicht, Ihre Kontaktdaten anzugeben, denn vielleicht möchte Ihre zukünftige Betreuerin oder Ihr zukünftiger Betreuer sich telefonisch mit Ihnen in Verbindung setzen.

Welche wichtigen Kriterien für die Auswahl der PromotionsbetreuerInnen gibt es?

Bei der Suche nach einer Promotionsbetreuung kommt immer wieder die Frage auf, was man dabei unbedingt beachten sollte und nach welchen Kriterien die Entscheidung zu treffen ist. Ich werde hier deshalb einige Kriterien nennen, die bei der Suche nach einer Promotionsbetreuung eine Rolle spielen könnten oder sollten. Auf alle Kriterien werde ich ausführlich eingehen:

1. Fachliche Kompetenz
2. Kommunikations- und Beratungskompetenz
3. Erreichbarkeit
4. Interne versus externe Promotionsbetreuung entweder als wissenschaftliche/r MitarbeiterIn oder als Externe/r PromovendIn (S. 59)

1. Fachliche Kompetenz

Die Promotionsbetreuung soll den Forschungs- und Schreibprozessprozess mit Ideen, Hinweisen und inhaltlichen Fragen und Anregungen unterstützen. Darum ist es wichtig, für die Betreuung der eigenen Arbeit eine Person auszuwählen, die eine Expertin des Promotionsthemas ist und die Promovierende oder den Promovierenden wissenschaftlich fundiert begleiten und beraten kann. Denn Promovierende sind in ihrem langen Promotionsprozess vor allem auf fachliche Expertise angewiesen.

2. Kommunikations- und Beratungskompetenz

PromotionsbetreuerInnen sollten jedoch auch die Fähigkeit besitzen, konstruktiv zu beraten. Diese Fähigkeit lässt sich daran messen, wie verständlich, konkret und motivierend Rückmeldungen gegeben werden. Das Feedback sollte immer konstruktiv sein und niemals entmutigend oder destruktiv. Wichtig sind jedoch auch das Angebot regelmäßiger Gesprächstermine, sowie die Ansprechbarkeit bei Störungen und Krisen im Promotionsprozess. Wenn es bei der Formulierung von Forschungshypothesen oder bei der empirischen Forschung Probleme gibt oder wenn sich der oder die Promovierende in eine aussichtslos erscheinende Schreibblockade manövriert hat: An allen Stellen ist konstruktive Hilfe erwünscht und wichtig. Denn zwar ist das Verfassen einer Dissertation eine eigenständige wissenschaftliche Leistung der oder des Promovierenden, aber andererseits sind Promovierende immer auch Lernende, die eine Beratung in der Promotionsphase beanspruchen können/müssen.

3. Erreichbarkeit

Anders als im Präsenzstudium muss an der Promotion nicht zwingend an der Universität gearbeitet werden, also an dem Ort, an dem zumindest der oder die Erstbetreuende arbeitet. Dennoch kann eine hürdenlose Erreichbarkeit dieser Person, sei es telefonisch oder persönlich, eine große Rolle für den Erfolg des Promotionsprojektes spielen.

Es ist also grundsätzlich möglich, die Promotionsbetreuung auch weit weg vom eigenen Wohnort zu wählen. Dann sollte man aber unbedingt darauf achten, den Anschluss an die Betreuungsperson und andere Promovierende zu behalten. Dass kann den regelmäßigen Besuch von Kolloquien bedeuten, aber auch die Wahrnehmung regelmäßiger Gesprächstermine mit der Promotionsbetreuung und die fachliche und persönliche Vernetzung mit anderen DoktorandInnen. Wichtig ist, dass es immer möglich sein sollte, bei wichtigen Problemen zeitnah Hilfe zu erhalten.

Wenn die Promotion extern geleistet wird, also ohne dass ein Arbeitsverhältnis mit der Promotionsbetreuung besteht, klären Sie am besten vorher mit der Promotionsbetreuung, ob und wie eine Anbindung an die Forschung, eine Vernetzung mit anderen Promovierenden des Betreuers bzw. der Betreuerin, die Teilnahme an Kolloquien und die Möglichkeit der Teilnahme an Weiterbildungsveranstaltungen organisiert werden kann.

4. Interne versus externe Promotionsbetreuung

Bei einer Promotion als wissenschaftlicher Mitarbeiter bzw. als wissenschaftliche Mitarbeiterin an einer Universität, z.B. im Rahmen eines Forschungsprojekts oder auf einer Lehrstuhlstelle, wird die Promotionsbetreuung oft mit dem oder der LehrstuhlinhaberIn oder der Projektleitung vereinbart.

Wichtig ist in diesem Fall, dass die zeitlichen Rahmenbedingungen, also die für die Promotion zur Verfügung stehende Zeit, unbedingt explizit vereinbart werden. Denn die Grenzen zwischen der Arbeit für die Promotion und die Arbeit im Projekt oder Lehrstuhl verschwinden oft im Alltag, nicht selten zu Lasten der Promotion. Wann und wieviel Zeit für die Promotion zur Verfügung steht, sollte dementsprechend genauso geklärt sein, wie das konkrete Promotionsthema. Zudem sollte, falls Sie im Rahmen eines Forschungsprojektes promovieren geklärt sein, welche Daten aus dem Projekt Sie für Ihre Dissertation nutzen dürfen bzw. inwiefern das Projekt auf die von Ihnen erhobenen Daten zugreifen darf.

Was genau zeichnet eine optimale Promotionsbetreuung aus?

Der Erfolg der Promotionsbetreuung ergibt sich durch das Engagement der Betreuers/der Betreuerin plus dem des/der Promovierenden. Das bedeutet auch, dass eine gute Promotionsbetreuung durch das verbindliche und verlässliche Handeln sowohl der Betreuenden als auch der Promovierenden gekennzeichnet ist.

> Promotionsbetreuung sollte den Promotionsprozess unterstützen (können). Das bedeutet, dass sowohl die Betreuenden als auch die Promovierenden verbindliche Absprachen treffen – und Fristen einhalten müssen!

Welche typischen Schwierigkeiten der Promotionsbetreuung gibt es?

Es gibt Promotionsprozesse, die sehr erfolgreich sind und von ProfessorInnen exzellent betreut werden. Aber es gibt in der Promotionsphase auch Krisen, die häufig – das ist in der Coachingpraxis gut beobachtbar – im Zusammenhang mit der Promotionsbetreuung entstehen.

Promovierende beklagen dabei primär über:

- Missverständnisse,
- zu wenig, unsachliches oder wenig konstruktives Feedback,
- unklare Arbeitsaufträge,
- fehlendes Angebot von Kolloquien,
- fehlendes Interesse der PromotionsbetreuerInnen an dem Vorankommen der Promovierenden.

Besonders schwierig wird es, wenn die PromotionsbetreuerInnen zu wenig Zeit für die Betreuung und Beratung aufwenden. Grund dafür ist vermutlich die hohe Arbeitsbelastung von ProfessorInnen. Möglicherweise haben Promotionsbetreuende aber auch ein wenig hilfreiches Verständnis von Beratung bzw. fehlt ihnen das Handwerkszeug, z.B. die Supervisionskompetenz, und die Unterstützung durch die Fakultät/Universität.

Oft wird die Art und Weise der Promotionsbetreuung zwischen PromovendIn und PromotionsbetreuerIn nicht thematisiert. Es wird z.B. nicht explizit über die Anzahl von Treffen, Möglichkeiten und Formen des Feedback Nehmens- und Gebens, Unterstützung auch im Hinblick auf die Karriereplanung, gesprochen. So bleibt Vieles im Dunkeln und einige Möglichkeiten der Unterstützung werden nicht ausgeschöpft.

Das Problem für Promovierende besteht auch darin, dass sie von der Promotionsbetreuung völlig abhängig sind. Denn die BetreuerInnen sitzen mit der Möglichkeit der Begutachtung und Bewertung immer am längeren Hebel. Das ist vielen Promovierenden bewusst und wird umso wirkungsvoller, je weiter die Promotionsphase vorangeschritten ist, je mehr Arbeit investiert wurde und wird zur Belastung, je mehr Uneinigkeit über den weiteren Verlauf der Arbeit besteht.

Versuchen Sie, um viele Probleme erst gar nicht aufkommen zu lassen, deshalb dringend, im Vorfeld soweit es geht zu klären, wie die individuelle Betreuung gestaltet werden kann. Dieses Thema können Sie auch mit Hilfe der Promotionsvereinbarungen (S. 31) ansprechen.

4.2 Wie kann die Promotionsbetreuung gewechselt werden?

Ob ein Wechsel der Promotionsbetreuung möglich ist und wie er gestaltet werden kann, ist der Promotionsordnung zu entnehmen. Ein Wechsel der BetreuerInnen sollte schon allein wegen seines organisatorischen Aufwandes gründlich überlegt werden: Sollte der Wechsel der Promotionsbetreuung mit dem Wechsel der Universität oder der Fakultät einhergehen, sind erneut die Zulassungsbedingungen zu klären und es ist nochmal eine Zulassung zu beantragen. Zudem muss alles, was mit dem oder der ursprünglichen BetreuerIn inhaltlich bereits vereinbart wurde, mit der neuen Promotionsbetreuung erneut besprochen und neu vereinbart werden.

Manchmal lässt sich der Wechsel der Promotionsbetreuung nicht vermeiden, beispielsweise wenn der oder die Betreuerlin die Universität verlässt, krank wird, aus Altersgründen ausscheidet oder gar stirbt. Ein anderer Grund für einen Wechsel können unüberwindbare Konflikte sein. Hier gilt es jedoch zunächst auszulosten, ob die Konflikte nicht doch durch ein klärendes

Gespräch gelöst werden können. Zur Vorbereitung auf dieses Gespräch kann sich der oder die Promovierende unter Umständen mit Hilfe eines Coachings vorbereiten.

Leichtfertig sollten Sie die Betreuung auf gar keinen Fall wechseln.

Wägen Sie vor einem Wechsel der Promotionsbetreuung Vor- und Nachteile gründlich ab und entscheiden Sie erst dann.

FAQs zur Promotionsbetreuung

Was mache ich, wenn sich die Betreuerin oder der Betreuer, die/den ich per E-Mail angesprochen habe, nicht meldet?
Sie könnten nach frühestens einer Woche die E-Mail nochmal senden, mit einer höflichen Nachfrage, ob die erste angekommen ist. Sie könnten dabei auch um ein kurzes Telefonat bitten, um einen Gesprächstermin abzusprechen. Sie könnten auch im Sekretariat der Betreuerin bzw. des Betreuers nachfragen – manchmal z.B. am Semesteranfang ist es bei vielen ProfesorInnen einfach terminlich etwas schwierig. Oder Sie versuchen, die Promotionsbetreuung telefonisch oder persönlich zu erreichen.

Wenn Sie über längere Zeit, d.h. auch nach mehrmaligem Nachfragen, aus Ihrer Sicht grundlos keine Rückmeldung bekommen haben oder die Erreichbarkeit sich prinzipiell als sehr schwierig gestaltet, überlegen Sie sich, ob diese Art der Betreuung für Sie erfolgversprechend und sinnvoll ist, denn eine Kommunikation zwischen ihnen und der/dem BetreuerIn sollte während der gesamten Promotionsdauer möglich sein.

Kann ich gleichzeitig mehrere PromotionsbetreuerInnen ansprechen?
Im Prinzip ja, überlegen Sie aber vorher gut, ob das strategisch wirklich sinnvoll ist. Schließlich machen diese sich alle die Arbeit, Ihre Ideenskizze zu lesen und Ihnen zu antworten. Möglicherweise leiten die ProfessorInnen Ihre Ideenskizze auch an andere ProfessorInnen weiter, die Sie bereits angesprochen haben.

Neben der Strategie, mehrere potenzielle Promotionsbetreuer/innen gleichzeitig anzusprechen und dann zu entscheiden, mit wem Sie Ihr Promotionsvorhaben realisieren wollen, könnte eine andere Strategie sein, die PromotionsbetreuerInnen nacheinander anzusprechen. Dann könnten Sie im Vorfeld auch schon ein kleines Ranking erstellen, wen Sie präferieren. Beide Strategien sind denkbar und bieten Vorteile.

Woran erkenne ich eine gute Promotionsbetreuerin bzw. einen guten Promotionsbetreuer?
Ob Sie mit der Promotionsbetreuung gut zusammenarbeiten und von ihr profitieren können, wird sich erfahrungsgemäß erst nach einem längeren

Zeitraum der Zusammenarbeit herausstellen. Sie können und sollten vor Vereinbarung Ihrer Promotionsbetreuung jedoch prüfen, ob Sie und Ihre BetreuerInnen ähnliche thematische und organisatorische Vorstellungen haben. Sie können darüber sprechen, wie viel Zeit Sie in die Promotion investieren können, welche Form von Betreuung Sie sich wünschen, und Sie können im Vorfeld eine grobe Terminplanung absprechen. PromotionsbetreuerInnen sollten sich zeitnah zurückmelden und auch von sich aus am Promotionsfortschritt interessiert sein. Aber auch die Promovierenden sollten Fristen der Promotionsbetreuung einhalten (s.o. unter Kriterien).

Ich möchte meine Dissertation interdisziplinär betreuen lassen. Wie organisiere ich das am besten?
Zunächst benötigen Sie eine Promotionsbetreuung, die an Ihrer Promotion interessiert ist und zu einer interdisziplinären Zusammenarbeit bereit ist. Dann können Sie gemeinsam besprechen, welche weitere Betreuung interdisziplinär angefragt werden kann oder Sie machen selbst Vorschläge. Vorteil ist, dass Sie die Expertise aus zwei unterschiedlichen Disziplinen für Ihre Promotion haben.

5 Die Finanzierung der Promotionsphase

Die Finanzierung der Promotionsphase ist eine der wichtigsten Fragen vor, und manchmal auch während der Promotion.

Die Promotion selbst kostet zwar keine Gebühren, es sei denn, man möchte oder muss sich als PromotionsstudentIn an der Universität einschreiben und dafür Semestergebühren zahlen, was aber nur sehr wenige Promotionsordnungen vorsehen. Dennoch fallen natürlich die Lebenshaltungskosten an und möglicherweise entstehen durch die Promotion auch weitere Kosten. Vor allem Hard- oder Software, Fachbücher, Forschungsmaterial, Büromaterial, Porto- und Reisekosten fallen hier ins Gewicht. Darum ist es notwendig, für die Promotionsphase eine Finanzierungsform zu finden, die die anfallenden Kosten deckt.

5.1 Was die Finanzierung der Promotionsphase erschweren kann

Die Finanzierung einer Promotion bzw. die Finanzierung der Promotionsphase ist ein Thema, das viele Promovierende umtreibt. Auch die Vorbereitungsphase der Promotion, also die Zeit zwischen dem Abschluss des Studiums und dem Beginn der Promotion, muss finanziert werden. In dieser Zeit muss die Promotion geplant, eine Finanzierung gefunden und das Exposee geschrieben werden.

Einige Promovierende entscheiden sich dazu, ein Stipendium zu beantragen. Die Fertigstellung aller Unterlagen zur Bewerbung auf ein Stipendium und das Warten auf eine Zu- oder Absage kann jedoch Monate in Anspruch nehmen, in der die Finanzierung der Promotion unsicher ist. Es ist dementsprechend hilfreich, gleichzeitig mehrere Strategien zur Finanzierung der Promotion auszuloten und zu initiieren. Es ist also durchaus angebracht, sich gleichzeitig auf ein Stipendium und auf Stellen als wissenschaftliche Mitarbeiterin/wissenschaftlicher Mitarbeiter zu bewerben.

Die Beschäftigung an der Universität – egal ob auf einer Lehrstuhlstelle oder im Rahmen eines Forschungsprojekts – kann sehr zeit- und kraftzehrend sein. Der schnelle Umgang mit Informationen und Wissen, die Vorbereitung der Lehre und das Lesen und Bewerten von (zum Teil sehr vielen) Klausuren und Hausarbeiten kann, genauso wie das Publizieren von Forschungsergebnissen, besonders am Anfang, wenn die Routine fehlt, sehr anstrengend sein. Bei vielen Promovierenden geht dies zu Lasten der Zeit und Energie, die sie eigentlich für die Arbeit an der Dissertation benötigen würden.

Demgegenüber haben StipendiatInnen zwar Zeit, ihnen fehlen aber oft die Informations- und Netzwerkstrukturen der Hochschule, sodass es sich für Promovierende darum anbietet, das Stipendium mit wenigen Stunden als Lehrkraft oder wissenschaftliche Mitarbeitende zu ergänzen oder an Promotionskolloquien teilzunehmen.

In den meisten Fällen gelingt es nicht, die gesamte Promotionsphase aus nur einer der beiden genannten Finanzierungsquellen zu bestreiten. Denn oft enden befristete Beschäftigungsverhältnisse oder Stipendien, bevor die Dissertation eingereicht, oder die Promotion mit der Disputation ggf. dem Rigorosum und der Veröffentlichung der Publikation beendet ist. Das führt oftmals dazu, dass die Endphase der Promotion in prekären finanziellen Verhältnissen bestritten wird. Zu dem Stress, der sich kurz vor Abgabe der Dissertation durch die Endüberarbeitung ergibt, kommt dann auch noch der Druck, sich schnell eine neue Finanzierung zu suchen, oder sich sogar in einen neuen Job einarbeiten zu müssen. Die Kombination aus Existenzängsten und dem Druck der Neuorientierung ist für viele Promovierende physisch wie psychisch stark belastend. Es ist dementsprechend sinnvoll, sich auf diese prekäre Abschlusssituation vorzubereiten und möglichst zu verhindern, dass sie eintritt, indem man sich frühzeitig weitere Finanzierungen sichert.

> Bleiben Sie bei den Finanzierungsstrategien Ihrer Promotion flexibel. Sie können sich gleichzeitig auf Projektstellen bewerben und Stipendien beantragen. Sie können sich auch während der Arbeit in einem Forschungsprojekt auf ein Stipendium bewerben und dieses dann antreten. In den meisten Fällen ist es auch möglich, das Stipendium durch eine geringe Stundenzahl als wissenschaftliche Mitarbeiterin/wissenschaftlicher Mitarbeiter zu ergänzen, was den Vorteil mit sich bringt, mehr Geld zur Verfügung zu haben und gleichzeitig in die wissenschaftlichen Netzwerke eingebunden zu sein.

5.2 Die Finanzierung auf einer Stelle als wissenschaftliche/r MitarbeiterIn

Ca. 80% der Promovierenden in Deutschland promovieren auf Stellen als wissenschaftliche MitarbeiterInnen (BuWiN 2013). Damit sind jene Personen gemeint, die im Rahmen Ihrer Beschäftigung an Universitäten promovieren und möglicherweise eine Qualifikationsstelle besetzen. Sie sind an Universitäten auf Projekt-, Lehrstuhl- oder Koordinationsstellen angestellt und erbringen einen Großteil der Leistungen universitärer Forschung und Lehre.

Wissenschaftliche MitarbeiterInnen werden i.d.R. nur auf befristeten Stellen eingestellt. Ab Seite 34, unter der Überschrift „Die Promotionsdauer und das Wissenschaftszeitvertragsgesetz“ bin ich schon auf die Sechsjahresfristen durch das Wissenschaftszeitvertragsgesetz (WissZeitVG) eingegangen. Die meisten Projektstellen sind jedoch mit einer deutlich kürzeren Laufzeit verbunden, sodass angehende WissenschaftlerInnen sehr froh sein können, einen Dreijahresvertrag zu bekommen. Die Regel sind eher kürzere Verträge von ein oder zwei Jahren, was wiederum bedeutet, dass die Projektarbeit auslaufen wird, bevor die Promotion beendet oder auch nur die Dissertation eingereicht ist.

Das Promovieren auf einer Projektstelle

Mit Projektstellen sind jene Stellen gemeint, die im Rahmen eines Forschungsprojektes vergeben werden. Auf ganzen oder halben MitarbeiterInnenstellen führen Promovierende unter der Projektleitung durch einen Professor bzw. eine Professorin – in manchen Fällen auch durch eine Promovierte/einen Promovierten (post doc) – als wissenschaftliche MitarbeiterInnen Forschungstätigkeiten durch. Die konkreten Tätigkeiten sind sehr unterschiedlich, allgemein kann jedoch gesagt werden, dass die Promovierenden i.d.R. sowohl an der Forschung beteiligt werden (Planung und Ausführung der empirischen Studie, Auswertung und Veröffentlichung der erhobenen Daten) als auch in der universitären Lehre eingesetzt werden.

Die Stellen werden meistens öffentlich ausgeschrieben und lassen sich u.a. auf folgenden Internetseiten recherchieren:

Auf www.academics.de finden Sie eine Stellenbörse für Stellen in der Wissenschaft. Hier kann man sich auch auf eine Mailingliste eintragen, sodass man automatisch über neue Stellenangebote informiert wird.

Dann gibt es www.elfi.info, *die* Servicestelle für ELektronische ForschungsförderInformationen. Diese Datenbank über Fördermittel eignet sich auch für die Akquise von Forschungsgeldern. Vielleicht hat man jedoch auch das Glück und stößt auf Ausschreibungen von Promotionskollegs.

Eine weitere wichtige Internetseite ist jobs.zeit.de, denn bei der Zeit werden freie Stellen von Universitäten annonciert. Diese können auch online angesehen werden.

Und auch auf den *Webseiten der Universitäten* werden Stellen ausgeschrieben. Diese müssen einzeln gesucht werden. Meistens lassen sie sich in der A–Z-Rubrik unter „S“ wie „Stellenbörse“ oder „Stellenangebote“ finden.

Die Beschäftigung auf einer Projektstelle und die Promotion innerhalb eines Forschungsprojektes haben Vor- und Nachteile für Promovierende. Schwierigkeiten für den Erfolg des Promotionsprojektes gibt es besonders bei der Trennung der Projektarbeit von der Arbeit an der Dissertation.

Vorteile einer Projektstelle

- Sie ermöglicht das Promovieren nah am Projektthema. Es ergeben sich dadurch Synergieeffekte zwischen Promotion und Projekt.
- Die für das Projekt benötigten und durch Projektgelder finanzierten Materialien und die Forschungsliteratur können ggf. auch für die Promotion nützlich sein. Zudem können die Reisekosten zu (auch für die Promotion relevanten) Tagungen über das Projekt abgerechnet werden.
- Die Projektarbeit ermöglicht das Publizieren sowie Beiträge auf Tagungen.
- Genauso fördert es den fachlichen Austausch und die Vernetzung im wissenschaftlichen Feld, da man mit vielen ExpertInnen und KollegInnen in Kontakt kommt.

Nachteile einer Projektstelle

- Die zum Teil sehr hohe Arbeitsbelastung in einzelnen Projektphasen kann zu Lasten der Promotion gehen, denn die Anforderungen des Projekts scheinen in manchen Phasen dringender zu sein, als die eigene Dissertation
- Gerade bei der Promotion beim Chef oder bei der Chefin können sich berufliche Anforderungen und die Ansprüche der Promotion überschneiden, was zu Konflikten führen kann.

Worauf sollte man also achten, wenn man im Rahmen eines Forschungsprojektes an der Hochschule promoviert?

Trotz der genannten Nachteile ist die Promotion im Rahmen eines Forschungsprojektes meiner Ansicht nach eine gute Form der Promotion. Wichtig ist aber:

- Man sollte die Projektarbeit und die Arbeit an der Promotion trennen und klar voneinander abgrenzen. Dies ist zum Beispiel möglich, indem man zu bestimmten Zeiten im Büro erscheint und dann ausschließlich an Projektinhalten arbeitet und sich zu anderen (verbindlichen) Zeiten an einem anderen Ort der Promotion widmet. Dies sollte im Vorfeld mit der Chefin/dem Chef abgesprochen werden. Sowohl die Projektleitung als auch die KollegInnen als auch der oder die Promovierende müssen sich dann verbindlich daran halten, wenn es keine Aufweichungen geben soll, die sehr wahrscheinlich zu Lasten der Promotion gehen würden.

- Die Arbeit in Forschungsprojekten ist anstrengend. Vor allem das Verfassen von Zwischen- und Endberichten sowie anderen projektinternen Publikationen nimmt viel Zeit und Energie in Anspruch. Planen Sie diese intensiven Arbeitsphasen ein. Sie müssen in diesen Zeiten nicht ganz auf die Arbeit Ihrer Promotion verzichten. Da Sie aber wahrscheinlich sehr ausgelaugt sein werden, können Sie für diese Phasen Arbeiten einplanen, die keine hohe Konzentration erfordern: Recherche von Literatur, Kopieren und Ausdrucken von Literatur, Erstellen der Literaturlisten etc. Natürlich bedeutet dies auch, dass Sie in den Zeiten, in denen es im Projekt ruhig zugeht, intensiv an Ihrer Dissertation arbeiten sollten!
- Sie sollten frühzeitig abklären, ob und welche Daten aus dem Projekt für Ihre Dissertation verwendet werden können.
- Wenn Ihre Promotionsbetreuerin bzw. Ihr Promotionsbetreuer gleichzeitig Ihre Chefin oder Ihr Chef ist, dann sollten Sie darauf achten, dass regelmäßige Gesprächstermine stattfinden, in denen es ausschließlich um Ihre Promotion geht. Gerade wenn es inhaltliche Überschneidungen zwischen dem Projekt- und dem Promotionsthema gibt, kommt es ansonsten gerne zur Reduktion der Sprechzeit über die Dissertation. Und dies kann auch von den Promovierenden selbst ausgehen, gerade wenn sie unzufrieden mit Ihrem Fortkommen sind oder eine Krise erleben.

Das Promovieren auf einer Lehrstuhlstelle

Mit Lehrstuhlstellen sind hier Stellen gemeint, die zwar genau wie die Projektstellen an der Universität angesiedelt sind und von einem Professor bzw. einer Professorin geleitet werden, die aber nicht im Rahmen eines Forschungsprojektes sondern direkt am Lehrstuhl angesiedelt sind.

Die Tätigkeiten erstrecken sich primär auf die Lehre. Dies bedeutet aber nicht die Vorbereitung und die Leitung von Seminaren, sondern auch die Abnahme bzw. Beaufsichtigung von Prüfungen, Klausurkorrekturen, die Betreuung von Bachelor- und Masterarbeiten. Genauso umfassen sie Gremienarbeit, die Unterstützung des Lehrstuhls bei Administrationsaufgaben und möglicherweise auch die Beteiligung bei der Beantragung neuer Forschungsprojekte, indem Sie an einem Forschungsantrag mitschreiben.

Vorteile einer Lehrstuhlstelle

- Die Promovierenden erwerben Lehrkompetenzen, die nach der Promotion, also bei der Bewerbung auf eine Professur, vorausgesetzt werden. Die Belastung durch die Lehre bzw. die Vorbereitung der Lehre lässt sich zudem mit steigender Erfahrung besser bewältigen
- Sie erhalten Einblick in Hochschulstrukturen und hochschulische Aushandlungsprozesse.
- Sie können aktiv Networking mit andern Promovierenden betreiben.
- In der vorlesungsfreien Zeit können Sie sehr gut promovieren.

Nachteile einer Lehrstuhlstelle

- Es gibt in der Regel kaum Überschneidungen des Promotionsthemas und der Arbeit an der Uni (also auch keine Synergien). Die Ausnahme davon ist, dass Sie gezielt Lehrveranstaltungsinhalte wählen, die für Ihre Promotion (die Dissertation oder die Prüfungsthemen des Rigorosums) von Bedeutung sind.
- Die Arbeitsbelastung während der Vorlesungszeiten ist sehr hoch, sodass Sie in dieser Zeit wenig Energie für Ihre Promotion haben werden.
- Die Priorität hat in der Praxis meist die Arbeit am Lehrstuhl, oft auch über die vereinbarte Arbeitszeit hinaus.

Worauf sollte man achten, wenn man auf einer Lehrstuhlstelle promoviert?

- Die Arbeit am Lehrstuhl ist meist eng an die Vorlesungszeit gebunden. Darum ist es sinnvoll, die vorlesungsfreie Zeit für die Arbeit an der Promotion frei zu machen und sich in dieser Zeit auch einen Urlaub oder zumindest eine mehrtägige Erholungszeit zu gönnen, in der man neue Energie tanken und Gedanken reifen lassen kann.
- Die Arbeit am Lehrstuhl, in der Lehre und den Gremien ist oft an Termine gebunden. Dabei finden die Sitzungen und Seminare i.d.R. in der Vorlesungszeit statt. Das bedeutet, dass man die Promotionszeit in der Vorlesungszeit um diese Termine herum legen muss. Es ist sehr wichtig, sich unbedingt fixe Zeit für die Promotion zu reservieren!
- Man sollte seine Termine im Rahmen der Möglichkeiten auf ein Minimum reduzieren und diese zudem zeitlich begrenzen, um ungestörte Zeit zum Promovieren zu haben. Zum Beispiel sollten die

Studierenden aufgefordert werden, feste Sprechstunden einzuhalten, sodass Sie nicht ständig durch Unterbrechungen belästigt werden.

- Es ist ratsam, die Promotion ggf. nicht im Büro an der Uni zu schreiben, besonders dann, wenn man zwischendurch gerne Aufgaben übertragen bekommt, oder wenn Studierende trotz Ermahnung ständig außerhalb der Sprechstunde kommen. Das gleiche gilt natürlich, wenn man sich gerne durch ein nettes Gespräch mit KollegInnen ablenken lässt!
- Es ist immer von Vorteil, sich stetig weiterzubilden, vor allem was die hochschuldidaktische Ausbildung angeht. Sie sollten mit dem Chef bzw. der Chefin absprechen, dass und warum Sie sich weiterbilden möchten und sollten klären, inwiefern Ihre eigene Weiterbildung der Tätigkeit im Lehrstuhl dient und in der Arbeitszeit geleistet werden kann.

5.3 Die Finanzierung durch ein Stipendium

Eine Alternative für die Finanzierung der Promotionsphase ist die Bewerbung auf ein Promotionsstipendium. Stipendien werden von Begabtenförderwerken, Universitäten und Stiftungen vergeben.

Eine Vielzahl der Stipendien in Deutschland werden durch die Begabtenförderwerke vergeben. Die einzelnen Begabtenförderwerke fördern nach den Richtlinien des Bundesministeriums für Bildung und Forschung (BMBF), unterscheiden sich jedoch in ihrer Ausrichtung. So gibt es z.B. politisch, kirchlich oder gewerkschaftlich ausgerichtete Begabtenförderwerke, die unterschiedliche Zielgruppen ansprechen und unterschiedliche Förderschwerpunkte und Forschungskooperationen haben. Auch private oder öffentliche Stiftungen oder einzelne Fakultäten/Universitäten vergeben Promotionsstipendien.

Einige von den Förderern unterstützen einen Teil ihrer Promovierenden im Rahmen von Graduierten- bzw. Promotionskollegs.

In der Tabelle habe ich die zwölf großen Begabtenförderwerke in alphabetischer Reihenfolge aufgeführt, die Promotionsstipendien vergeben:

Die Begabtenförderwerke in Deutschland	
Cusanuswerk www.cusanuswerk.de	Begabtenförderungswerk der katholischen Kirche
Ernst Ludwig Ehrlich Studienwerk (ELES) www.eles-studienwerk.de/	Jüdische Begabtenförderung
Evangelisches Studienwerk Villigst www.evstudienwerk.de/	Begabtenförderwerk der evangelischen Kirchen in Deutschland
Friedrich-Ebert-Stiftung www.fes.de/	politisches Begabtenförderwerk (SPD)
Friedrich-Naumann-Stiftung www.freiheit.org/	politisches Begabtenförderwerk (FDP)
Hans-Böckler-Stiftung www.boeckler.de	Stiftung der Gewerkschaften
Hanns-Seidel-Stiftung www.hss.de/	politisches Begabtenförderwerk (CSU)
Heinrich-Böll-Stiftung www.boell.de/	politisches Begabtenförderwerk (Die Grünen)
Konrad-Adenauer-Stiftung www.kas.de/	politisches Begabtenförderwerk (CDU)
Rosa-Luxemburg-Stiftung www.rosalux.de/	politisches Begabtenförderwerk (Die Linke)
Stiftung der deutschen Wirtschaft www.sdw.org/	Bildungsstiftung der deutschen Wirtschaft
Studienstiftung des deutschen Volkes www.studienstiftung.de/	größtes Begabtenförderwerk in Deutschland

Um herauszufinden, ob bzw. welche Bewerbungsfristen es gibt und wie die Bewerbungsverfahren der unterschiedlichen Begabtenförderwerke im Einzelnen ablaufen, sollten Sie die Programme genauer unter die Lupe nehmen. Die Programme finden Sie auf den angegebenen Internetseiten s.o. Dort erfahren Sie auch, welche Zielgruppen gefördert werden und welche Voraussetzungen Sie, was z.B. Ihr gesellschaftliches Engagement, Ihr Alter oder eine Mindestnote betrifft, mitbringen sollten. In der Regel werden von den Begabtenförderwerken gleichermaßen Bildungsin- und BildungsausländerInnen gefördert. Und: Stipendien erhalten Promovierende auch, wenn sie z.B. im Rahmen eines DFG-Graduiertenkollegs promovieren.

Stipendiengeberinnen wie Begabtenförderwerke, Universitäten oder Stiftungen legen unterschiedliche Kriterien an die Auswahl ihrer StipendiatInnen an. Recherchieren Sie, welche Kriterien für Sie zutreffen, um herauszufinden, welche Fördermöglichkeiten für Sie am besten passen.

Es ist formal nicht erwünscht, sich gleichzeitig bei mehreren Stiftungen zu bewerben. Wenn Sie allerdings von einer Stiftung abgelehnt werden, können Sie sich zwar nicht erneut bei dieser Stiftung bewerben, allerdings können Sie sich noch bei einer anderen Stiftung bewerben.

Weitere wichtige Internetseiten

Auf dieser Webseite stellen sich die Begabtenförderwerke vor:
www.stipendiumplus.de

Informationen zu DFG-Graduiertenkollegs finden Sie auf:
www.dfg.de/foerderung/Programme/koordinierte_programme/graduiertenkollegs/index.html

Eine Datenbank für Stipendien bietet das Bundesministerium für Bildung und Forschung (BMBF):
www.stipendienlotse.de

Vorteile eines Stipendiums

- Ein Stipendium bietet ausreichend Zeit für die Dissertation.
- Es besteht die Möglichkeit bzw. die Verpflichtung, an Weiterbildungsveranstaltungen der Stiftungen teilzunehmen. Von diesen Angeboten können Sie sehr profitieren.
- Manche Begabtenförderwerke geben Zuschüsse zur Finanzierung der Kinderbetreuung.
- Ggf. kann man bei der Stiftung auch einen Druckkostenzuschuss zur Veröffentlichung der Dissertation beantragen.

Nachteile eines Stipendiums

- Begabtenförderwerke fördern nur bis zu einem bestimmten Höchstalter.
- Die Krankenversicherung muss selbst gezahlt werden.
- Es gibt keine oder nur eine geringe Anbindung an die Hochschule/Promotionsbetreuung.
- Sie erwerben während der Zeit des Stipendiums keine Rentenansprüche.
- Wenn das Stipendium endet, besteht möglicherweise kein Anspruch auf Arbeitslosengeld.

Worauf man achten sollte, wenn man mit einem Stipendium promoviert

- Versuchen Sie, eine Anbindung an die scientific community herzustellen, indem Sie Veranstaltungen (z.B. offene Kolloquien, Antrittsvorlesungen, Vorträge der Fakultät) besuchen oder indem Sie mit einer geringen Stundenzahl nebenbei an der Universität arbeiten.
- Vernetzen Sie sich aktiv mit anderen Promovierenden. Initiieren Sie z.B. eine Schreibgruppe oder regelmäßige Treffen, bei denen Sie sich gegenseitig bei Problemen helfen können.
- Sammeln Sie Erfahrungen an der Hochschule. Wenn Sie vorhaben, an der Universität Karriere zu machen, bietet es sich an, z.B. mittels eines Lehrauftrags Erfahrungen als Lehrende/Lehrender zu sammeln.
- Nehmen Sie an wissenschaftlichen Tagungen teil. Bewerben Sie sich mit Ihrem Thema auch für Vorträge auf Tagungen. Sie können Tagungen z.B. unter www.conferencealerts.com oder dem Informationsdienst der deutschen Wissenschaft www.idw-online.de oder bei den Fachgesellschaften und in Fachzeitschriften recherchieren.
- Halten Sie regelmäßigen Kontakt zur Promotionsbetreuung und stellen Sie Ihre Forschungsfortschritte regelmäßig im Kolloquium vor.

> Die Vernetzung mit anderen Promovierenden bietet viele Vorteile. Die Promovierendeninitiative (PI) ist ein Bündnis von StipendiatInnen der Begabtenförderwerke. Ihre Ziele sind u.a. die Information und Vernetzung der Promovierenden. Auf ihrer Webseite werden Informationen für Promovierende gegeben: www.promovierenden-initiative.de/

FAQs zum Stipendium

Muss ich einer Partei, einer Gewerkschaft oder einer Kirche angehören, wenn ich mich auf ein Stipendium bewerben möchte?
Nein, das müssen Sie nicht unbedingt. Sie sollten sich aber dennoch darüber im Klaren sein, aus welchen Gründen Sie sich für das von Ihnen ausgewählte Stipendium bewerben und was Sie für dieses Stipendium auszeichnet. Recherchieren Sie gründlich, nach welchen Kriterien die einzelnen Förderwerke Stipendien vergeben, und finden Sie heraus zu welcher Stiftung Ihr Forschungsthema und Ihr persönliches Profil am besten passen.

Kann ich mich mehrmals bei einer Stiftung bewerben?
Normalerweise nicht! Schauen Sie bei Ihrer Recherche nach diesbezüglichen Informationen.

Kann ich mich bei mehreren Stiftungen gleichzeitig bewerben?
Erwünscht wird eine zeitgleiche Streuung von Bewerbungen durch die Stiftungen nicht, auch weil davon ausgegangen wird, dass Sie sich aufgrund Ihrer persönlicher Präferenzen für eine Stiftung entscheiden. Aus strategischen Gesichtspunkten ist es aber günstig, sich zuerst bei derjenigen Stiftung zu bewerben, die Ihren persönlichen politischen, sozialen und religiösen Weltanschauungen am nächsten ist und die zum inhaltlichen Profil Ihrer Arbeit passt.

Muss ich das Stipendium zurückzahlen?
Das Stipendium muss i.d.R. nicht zurückgezahlt werden. Das gilt auch, wenn Sie nicht in der Höchstförderdauer fertig werden oder Ihre Promotion abbrechen.

Bringt ein Stipendium Nachteile beim Berufseinstieg, weil ich z.B. durch eine politische Stiftung gefördert wurde?
Zunächst einmal ist es eine Auszeichnung, ein Stipendium zu erhalten. Das Stipendium sollte Ihnen daher keine Nachteile bringen.

5.4 Die externe Finanzierung

Einige externe Promovierende erhalten weder ein Stipendium, noch haben sie eine Stelle an der Hochschule inne. Sie werden entweder von anderen Personen unterstützt (z.B. von den Eltern oder EhepartnerInnen) oder sie leben von ihren Ersparnissen.

Andere Promovierende arbeiten an einer anderen Universität als der, an der sie promovieren, sie promovieren sozusagen extern. Wieder andere promovieren während sie eine Rente beziehen, in Elternzeit sind oder andere staatliche Leistungen (z.B. das Arbeitslosengeld) beziehen, wobei sie in diesem Falle natürlich potenziell dem Arbeitsmarkt zur Verfügung stehen. Manche promovieren auch berufsbegleitend (s.u.). In einigen dieser Fälle werden Promovierende für die Zeit, oder für einen Teil der Zeit, vom Arbeitgeber freigestellt oder promovieren direkt in einem Unternehmen.

Die Vor- und Nachteile der externen Finanzierung bzw. der externen Promotion sind ähnlich wie die der Finanzierung durch ein Stipendium (s.o.). Achten Sie darauf, dass der Kontakt zur Hochschule erhalten bleibt und Sie im Austausch mit anderen Promovierenden, auch mit andern externen Promovierenden, bleiben. Denn die Probleme in der Promotionsphase sind eher struktureller Natur und der Austausch über Strategien und Lösungen erleichtert das eigene Promovieren erheblich.

Das berufsbegleitende Promovieren

Das Promovieren bei gleichzeitiger Berufstätigkeit außerhalb der Hochschule kommt in den Sozial-, Kultur- und Geisteswissenschaften wahrscheinlich häufiger vor als in den Naturwissenschaften.

Generell eignet es sich eher bei Forschungs- bzw. Promotionsprojekten, bei denen keine Forschungsapparaturen, komplizierte Versuchsanordnungen und Labore nötig sind.

Eine externe Promotion nimmt neben dem Beruf sehr viel Zeit in Anspruch, ist also zeitlich schwer zu vereinbaren bzw. die Bearbeitungszeit der Dissertation muss diszipliniert geplant und eingehalten werden. Dazu kommt, dass sich eine externe Promotion über einen langen Zeitraum erstreckt, einfach weil neben der Berufstätigkeit wenig Zeit zur Verfügung steht, bzw. der Wechsel zwischen Promotion und Beruf in der Praxis schwierig zu bewerkstelligen sind. Zusätzlich kommt erschwerend hinzu, dass die Erbringung von promotionsvorbereitenden Leistungen oder anderen promotionsbegleitenden Leistungen oder der Besuch von Kolloquien oftmals mit den beruflichen Arbeitszeiten kollidieren. Auch Besprechungen mit der Promotionsbetreuung sind nur teilweise mit der Arbeitszeit vereinbar, manchmal müssen auch Urlaubstage dafür verwendet werden. Dies bedeutet, dass Sie unbedingt mit Ihrer AbeitgeberIn oder Ihrem Arbeitgeber absprechen sollten, ob und welche Zeiten für Ihre Promotion reserviert werden können. Am ehesten werden ArbeitgeberInnen sich wahrscheinlich auf temporäre Freistellung einlassen, wenn Ihnen deutlich ist, inwiefern sie selbst bzw. die Firma von Ihrer Promotion profitieren werden.

In der Praxis entscheiden sich oft diejenigen für eine berufsbegleitende Promotion, die in ihrem Beruf interessante Forschungsthemen entdecken und diese wissenschaftlich bearbeiten wollen. Manchmal ist es aber auch so, dass in einem befristeten Arbeitsverhältnis eine Promotion begonnen wird, um bessere Ausgangspositionen für die weitere Karriere zu schaffen.

Der große Vorteil der berufsbegleitenden Promotion ist, dass eine finanzielle Sicherung des gesamten Promotionszeitraums gegeben ist und Sie dabei für die Promotionsdauer wahrscheinlich nicht so stark zeitlich eingeschränkt sind wie durch ein Stipendium oder einen Vertrag als wissenschaftliche Mitarbeiterin/wissenschaftlicher Mitarbeiter.

Strategien für eine berufsbegleitende Promotion

Promovierende, die berufsbegleitend promovieren, benötigen ein besonders gutes Zeitmanagement und umfassende Motivationsstrategien, die es ihnen erlauben, vor oder nach einem anstrengenden Arbeitstag oder an den Wochenenden an ihrer Dissertation oder an der Vorbereitung ihrer Disputation bzw. ihres Rigorosums zu arbeiten. Dazu ist es von Vorteil, Unterstützung aus dem privaten wie dem beruflichen Umfeld zu erhalten.

Durch die Berufstätigkeit kann nur eine sehr begrenzte Zeit für die Arbeit an der Dissertation verwendet werden, dementsprechend sind die Fortschritte eher klein und es scheint, als käme man nicht voran. Helfen können dann folgende Maßnahmen:

1. Ein Forschungstagebuch oder eine Liste von Tätigkeiten, die man bereits erledigt hat und die es noch zu erledigen gilt, hilft, den Überblick zu behalten.
2. Es ist ebenfalls besonders wichtig, im Hinblick auf das Zeitmanagement und die Planung des Forschungs- und Schreibprozesses strategisch an die Promotion heranzugehen. Hier könnte ein Coaching oder eine selbst initiierte Schreibgruppe helfen.
3. Sinnvoll kann es auch sein, Synergieeffekte zwischen der Berufstätigkeit und dem Promotionsthema zu schaffen, sodass sich thematische Überschneidungen nutzen lassen.
4. Ebenfalls von Vorteil ist es, durch Networking Kontakt zu anderen Promovierenden zu halten, um so einen Austausch zu haben und Themen der Promotion und Probleme des Promovierens besprechen zu können. Dabei ist es sinnvoll, sich sowohl mit Promovierenden zu vernetzen, die berufsbegleitend promovieren, als auch mit Promovierenden, die an die Universität angebunden sind. So können Sie sich einerseits über Ihre besondere Situation austauschen, halten aber anderseits den Kontakt zur Hochschule und erfahren dadurch Neuigkeiten, Hinweise auf Literatur oder Tagungen oder andere, interessante Veranstaltungen der Fakultät.

Herausforderungen des berufsbegleitenden Promovierens

Das berufsbegleitende Promovieren scheint für Promovierende zunächst eine bequeme Option zu sein, denn es scheint auf den ersten Blick leicht, neben dem Beruf zu promovieren. Und es erscheint sinnvoll und zur Optimierung der Karriere sicherlich auch nicht verkehrt.

In der Praxis berichten die Promovierenden aber häufig, dass sie den Aufwand des Promovierens unterschätzt haben. Auch fühlen sich diese Promovierenden im Vergleich mit anderen eher durch die PromotionsbetreuerInnen weniger unterstützt, da sie nicht zum klassischen „wissenschaftlichen Nachwuchs“ mit der Karriereoption „Wissenschaft“ gehören und eine Investition von Zeit und Ressourcen sich in sie scheinbar nicht lohnt.

Die Vereinbarkeit von Beruf und Promotion gestaltet sich im Alltag schwierig. Oft empfinden externe Promovierende sich in zwei sich gegenseitig ausschließenden Welten lebend, in denen jeweils Unverständnis für die andere Welt herrscht: Bei den ArbeitgeberInnen und KollegInnen gibt es oft weder Interesse noch Unterstützung für die Promotion, und die Strukturen der Hochschule sind nicht auf eine Teilzeit-Promotion oder auf Arbeitszeiten außerhalb der Universität ausgerichtet. Das hat zur Folge, dass die Routine des wissenschaftlichen Formulierens und Arbeitens, die während des Studiums und bei einer Tätigkeit als wissenschaftliche Mitarbeitende „on the job" erworben wird, von externen Promovierenden viel mühseliger in ihrer Freizeit erworben werden muss.

Beruf, Promotion und Partnerschaft/Familie sind während einer Promotion nur unter großen Anstrengungen zu vereinbaren, bei einer Berufstätigkeit außerhalb der Hochschule geht dies kaum. Zwar kann eine zeitweilige Arbeitszeitreduzierung helfen (wenn man sich dies finanziell erlauben kann), aber prinzipiell gilt: Wer sich für diesen Weg der Promotion entscheidet, sollte sich klar darüber sein, dass es kaum selbst gestaltbare freie Zeit gibt und die Promotionsphase aufgrund der zeitlichen Einschränkungen eher lang ist.

6 Die strukturierte Promotion

Promotionen finden in Deutschland als Individualpromotion, also zwischen PromotionsbetreuerInnen und PromovendIn oder im Rahmen von strukturierten Promotionen statt. Mit Individualpromovierenden sind jene Promovierenden gemeint, die ihr Promotionsprojekt alleine durchführen und die im Hinblick auf die Promotion bis auf die Promotionsbetreuung kaum unterstützt werden. Mit der strukturierten Promotion ist dagegen eine Promotion im Rahmen eines Graduierten- bzw. Promotionskollegs oder als Mitglied einer Graduiertenschule gemeint. Die Bezeichnungen „Graduiertenkolleg" oder „Promotionskolleg" werden nicht einheitlich verwendet und meinen dasselbe. Zum Beispiel heißen alle DFG-Kollegs Graduiertenkollegs, aber auch andere Kollegs können so genannt sein. Dagegen heißen die Kollegs der Hans-Böckler-Stiftung Promotionskollegs, auch einzelne Promotionsformate in Fakultäten oder zwischen Lehrstühlen werden als Promotionskollegs bezeichnet. Im Folgenden werden beide Bezeichnungen synonym verwendet.

Ein Promotionskolleg stellt Strukturen in Form eines Programms bereit, das unter anderem die fachliche/thematische Weiterbildung, die Weiterbildung im Bereich der Schlüsselkompetenzen des Promovierens, Angebote zur Karriereentwicklung sowie Beratung und Coaching beinhaltet.

Neben den Kollegs gibt es weitere Promotionsprogramme, die Universitäten für Promovierende bereitstellen. Hier handelt es sich z.B. um Graduiertenzentren oder ähnliche Programme, deren Angebote Promovierende bei Bedarf oder aber auch erst nach einer Bewerbung nutzen können. Diese Programme können auf Fakultätsebene angesiedelt oder fakultätsübergreifend für alle Promovierenden der Universität zugänglich sein.

6.1 Die Idee der strukturierten Promotion

Ende der 1980er Jahre wurden die ersten Graduiertenkollegs der Deutschen Forschungsgemeinschaft (DFG) gegründet. Vorausgegangen war die Feststellung des Wissenschaftsrates (Wissenschaftsrat 1986 und vgl. auch Wissenschaftsrat 2002), dass Promotionen in Deutschland zu lange dauern, oft nicht beendet werden, die Promovierenden im Vergleich zu Promovierenden anderer Länder älter sind. Außerdem stellten die Bedingungen des Promovierens sich für Promovierende ungünstig dar und sie würden während der Promotion kaum auf eine Berufstätigkeit in und vor allem außerhalb der Universitäten vorbereitet. Auch seien sie zu schlecht ausgestattet, zu wenig vernetzt, nicht ausreichend finanziell abgesichert und nicht optimal durch PromotionsbetreuerInnen betreut.

Als Lösung für diese Probleme bot es sich an, die Promotionsphase für Promovierende stärker zu strukturieren. In Form von Graduiertenkollegs wurde eine Maßnahme entwickelt, Promovierende und Betreuende während des gesamten Promotionsprozesses durchgehend zu unterstützen. Im Einzelnen wurden durch die Strukturierung der Promotionsphase fachliche Weiterbildungsmöglichkeiten, Möglichkeiten zum fachlichen Austausch und zum Erwerb promotionsrelevanter Schlüsselkompetenzen sowie die Gelegenheit, interdisziplinär und international zusammen zu forschen, geschaffen. Und auch die Promotionsbetreuung wurde umstrukturiert. Promotionsbetreuung sollte nun nicht mehr als „MeisterIn-SchülerIn-Verhältnis" konzipiert sein, sondern nun durch ein Team aus mehreren HochschullehrerInnen des Graduiertenkollegs gewährleistet werden. Insofern standen den Promovierenden nun auch mehrere HochschullehrerInnen als ExpertInnen und für die Betreuung zur Verfügung.

DFG-Graduiertenkollegs können von ProfessorInnen mehrerer Hochschulen/Fakultäten – und dabei sowohl national und international – beantragt werden. Sie beziehen sich interdisziplinär und international auf einen Forschungsbereich bzw. Forschungsgegenstand. Nach dem Antragsverfahren und der Bewilligung eines Graduiertenkollegs werden die Auswahlverfahren gestartet, indem die Stipendien ausgeschrieben werden.

Zu den Graduiertenkollegs gesellten sich die DFG-Graduiertenschulen der Deutschen Forschungsgemeinschaft, die im Rahmen der Exzellenzinitiative des Bundes und der Länder eingerichtet wurden. In einem aufwändigen Bewerbungsverfahren konnten sich deutsche Hochschulen in zwei Förderphasen bewerben. Ende 2017 wird die zweite Förderphase für die Graduiertenschulen ausgelaufen sein. Abzuwarten bleibt, wie und ob sich eine Zukunft der Graduiertenschulen ohne die finanzielle Förderung der DFG entwickeln wird.

Auch in den Begabtenförderwerken, die ja bereits u.a. durch ihre Weiterbildungsprogramme und die Vernetzungsmöglichkeiten Strukturen für Promovierende bereitstellen, wurde die Möglichkeit des Promovierens im Kolleg geschaffen. Beispielsweise bieten die Heinrich-Böll-Stiftung oder die Hans-Böckler-Stiftung auch eine Promotion im Rahmen von Promotionskollegs an.

6.2 Angebote der strukturierten Promotion

Eine Liste der geförderten DFG-Kollegs und Informationen zu strukturierten Promotionsprogrammen, die durch die Deutsche Forschungsgemeinschaft gefördert werden z.B. Graduiertenkollegs, Graduiertenschulen und Exzellenzclustern finden Sie auf den Seiten der DFG.

www.dfg.de/foerderung/programme/koordinierte_programme/graduierten kollegs/gefoerderte_projekte/index.html

Graduiertenschulen wurden im Rahmen der Exzellenzinitiative des Bundes und der Länder eingerichtet. Die zweite Förderphase der Graduiertenschulen endet im Jahr 2017. Informationen darüber, ob und wie das Modell der Graduiertenschulen auch in Zukunft eine Möglichkeit zur strukturierten Promotion bietet, finden Sie auf den Seiten der Deutschen Forschungsgemeinschaft:

www.dfg.de/foerderung/programme/exzellenzinitiative/graduiertenschul en/index.html

Auch die Begabtenförderwerke bieten im Rahmen von Promotionskollegs thematisch ausgerichtete Promotionskollegs an. Hier lohnt eine Recherche auf den Webseiten der Begabtenförderwerke:

www.stipendiumplus.de

Internationale Programme, an deutschen Hochschulen bieten die Möglichkeit internationaler Vernetzung. Die Promotion findet hauptsächlich in englischer Sprache statt. Informationen finden Sie hier:

www.daad.de/international-programmes

Graduiertenzentren oder andere Promotionsprogramme der Universitäten bieten ebenfalls Unterstützung für Promovierende. Sie finden sich auf den Webseiten der jeweiligen Universitäten. Manche Programme finden sich auch auf den Webseiten der Fakultäten.

Ausschreibungen für Graduierten- und Promotionskollegs finden Sie in der Zeitung „Die Zeit“ oder online unter

www.academics.de

6.3 Vor- und Nachteile und Herausforderungen von Graduierten- bzw. Promotionskollegs

Vorteile von Graduierten- bzw. Promotionskollegs:

- Die Finanzierung der Promotion wird meistens im Rahmen von Stipendien gesichert.
- Häufig werden in Graduiertenprogrammen Arbeitsplätze und Arbeitsmaterialien zur Verfügung gestellt.
- Das Angebot von Kursen/Workshops und von Möglichkeiten des Networking unterstützt den Fortschritt der eigenen Promotion.
- Oft finden sich in Kollegs ExpertInnen, die ähnliche Promotionsthemen bearbeiten. Das gibt die Möglichkeit des qualifizierten fachlichen Austausches zum eigenen Thema.
- Viele Graduierten- bzw. Promotionskollegs finanzieren Auslandsaufenthalte oder den Besuch von Tagungen im In- und Ausland, genauso wie die Veranstaltung eigener Tagungen des Kollegs und die Herausgabe wissenschaftliche Publikationen. Möglich sind auch Druckkostenzuschüsse zur Veröffentlichung der Promotion.
- Kontakte zu WissenschaftlerInnen können in Graduierten- bzw. Promotionskollegs besser geknüpft werden. Nicht nur der Kontakt zu den HochschullehrerInnen des Kollegs fällt leichter, sondern auch der zu externen/internationalen WissenschaftlerInnen, wenn diese als ExpertInnen für einen Vortrag/Workshop im Kolleg oder für eine Tagung eingeladen werden.
- Manche Kollegs bieten auch die Möglichkeit der Unterstützung in der Post-doc-Phase durch eine Anschlussförderung an.
- Promovieren in Gesellschaft fördert bei vielen Promovierenden die Motivation und, das Durchhaltevermögen. Zudem bietet es den Zugang zu promotionsrelevanten und wissenschaftlichen Netzwerken und Informationen.

Nachteile der strukturierten Promotion

- In Kollegs promovieren viele Menschen zu ähnlichen bzw. zu verwandten Themen. Das könnte viel Konkurrenz bedeuten und Diskussionspotenzial bieten, was nicht immer unbedingt hilfreich für die Dauer von einzelnen Promotionsprozessen ist.
- Durch viele Kommunikations-, Netzwerk- und Weiterbildungsangebote im Kolleg besteht die Gefahr, dass Promovierende sich verzetteln und von der eigentlichen Arbeit an der Promotion abgelenkt zu werden.

- Dass die Teilnahme an manchen Angeboten verpflichtend ist, kann dann nachteilig sein, wenn diese Angebote nicht dem eigenen Promotionsprozess oder dem Promotionsziel dienen.
- Nicht immer passen alle Promotionsthemen der KollegiatInnen zusammen. Manche Promovierende stehen in ihrem Kolleg auch alleine da und fühlen sich kritisiert.

Herausforderungen der Graduierten- und Promotionskollegs

Nur einem Teil der Promovierenden in Deutschland bietet sich die Möglichkeit, an Graduierten- oder Promotionskollegs teilzunehmen (Zahlen dazu finden Sie im BuWiN 2008 und 2013).

Dass Promovierende in Kollegs besser oder schneller promovieren, lässt sich nicht ohne weiteres belegen (vgl. Kottmann/Enders 2011). Auch der durch die Einführung von Kollegs intendierte positive Effekt einer gemeinsamen Promotionsbetreuung ist in der Praxis für viele Promovierende kaum spürbar. Dies liegt zum einen daran, dass mit den Promotionsordnungen immer noch die Fakultäten die Formalitäten der Promotion und die Begutachtungsstruktur mit Erst- und Zweitbetreuung bestimmen. Dies führt dazu, dass Promovierende in Kollegs zwar durch ein Team betreut werden, sich in der Praxis aber auf der Grundlage der Richtlinien der Promotionsordnung immer noch nur an den beiden BetreuerInnen orientieren müssen, die die Promotionsnote vergeben.

Eine andere Erfahrung der Praxis zeigt, dass eine interdisziplinär ausgerichtete Betreuung für Promovierende auch Nachteile haben kann, nämlich dann, wenn die PromotionsbetreuerInnen selbst keine Erfahrung mit interdisziplinärem Arbeiten haben und/oder nicht bereit sind, die Bedeutung von Interdisziplinarität im Promotionsprozess zu reflektieren. Das kann dazu führen, dass Promovierende das Problem haben, dass letztlich keine/keiner der beiden PromotionsbetreuerInnen zufrieden ist und sich das dann zum Leidwesen der Promovierenden in der Note widerspiegelt

Darüber hinaus wird die Betreuung, diese Erfahrung machen KollegiatInnen ebenfalls, anders als es eigentlich in Kollegs vorgesehen ist, von mehreren HochschullehrerInnen übernommen, sondern es setzt sich auch hier das eigentlich kritisierte, von Abhängigkeit geprägte „MeisterIn-SchülerIn-Verhältnis“ fort.

Ein weiterer Kritikpunkt aus der Praxis der Promovierenden ist, dass Graduierten- bzw. Promotionskollegs ihre Angebote an Promovierende eher auf eine Karriere in der Wissenschaft (z.B. auf die Karriereperspektive „Hochschulprofessur“) ausrichten und andere Karrierewege nicht oder nur unzureichend berücksichtigen. Die Berücksichtigung alternativer Karrierewege durch Weiterbildungsangebote und Beratung gerät erst langsam in den Blick der Kollegverantwortlichen.

Es gibt Personen, die trotz des thematischen Bezugs zum Kolleg nicht die „Schule" der HochschullehrerInnen bedienen oder sich aufgrund ihres Themas nicht zum Kolleg passend fühlen. In einzelnen Fällen haben Promovierende große Schwierigkeiten, ihr Thema im Kolloquium vorzustellen und für ihren Promotionsfortschritt förderlich beraten zu werden.

6.4 Wichtige Tipps zur Bewerbung auf Promotionskollegs

Bei der Bewerbung auf eine Promotionsmöglichkeit als KollegiatIn bzw. StipendiatIn in einem Kolleg sollten Sie einige Tipps beachten:

- Bewerben Sie sich nur auf Kollegs, die fachlich mit Ihrem Promotionsthema übereinstimmen.
- Bedenken Sie, dass die Aufnahme in ein Kolleg einen Umzug in eine andere Stadt bedeuten kann.
- Prüfen Sie welche Kollegs es in Ihrem Themenbereich gibt und informieren Sie sich, ob und wann eine weitere Kollegphase eingeleitet wird.
- Recherchieren Sie, wer von den ProfessorInnen des Kollegs Ihre Promotionsbetreuung übernehmen würde und überlegen Sie, ob diese Betreuung für Sie eine Option ist.
- Informieren Sie sich darüber, welche Angebote die Universität außerhalb von Kollegs für Promovierende bereitstellt und wie Sie sich dazu anmelden können.
- Kollegs verpflichten zur Beteiligung an Weiterbildungen, Networking, an der Selbstorganisation des Kollegs, an Tagungsvorbereitungen und an Herausgeberschaften einer Publikation etc. Halten Sie die Balance zwischen den Aufgaben, die u.U. für die wissenschaftliche Karriere vorteilhaft sind, und den Anforderungen, die das eigene Promotionsprojekt mit sich bringt.

FAQs zur strukturierten Promotion

Wie plane ich die Promotion in einem Kolleg?
Lange im Voraus kann man eine Promotion im Kolleg nicht planen, denn man erfährt als Außenstehende/Außenstehender normalerweise erst bei der Ausschreibung in der Zeitung oder im Internet von dem Kolleg. Ab da läuft die Bewerbungszeit.

Wie finde ich ein Graduierten- bzw. Promotionskolleg?
Eine Übersicht über Promotionskollegs gibt für die DFG-Kollegs (siehe Kasten unten), für andere Kollegs gibt es sie nicht. Meistens werden sie in der Zeitschrift „Die Zeit" bzw. unter www.academics.de ausgeschrieben.

Wie bewerbe ich mich auf ein Graduierten- bzw. Promotionskolleg?
Die gewünschten Inhalte/Promotionsthemen und die Bewerbungsmodalitäten werden in der Ausschreibung erklärt. Immer wird ein Exposee zum Promotionsthema verlangt.

Kann ich mich noch bewerben, wenn ein für mich interessantes Programm bereits läuft?
Das erfährt man i.d.R. bei der Koordination des Programms bzw. den SprecherInnen des Programms. Diese AnsprechpartnerInnen lassen sich über die Webseiten der Programme finden. Oft gibt es bei den Programmen eine zweite Förderphase. Man sollte also herausfinden, ob es eine zweite Förderphase geben wird und wann diese ggf. ausgeschrieben wird. Möglicherweise bietet es sich an, in der Zwischenzeit an einem Exposee zu arbeiten.

Für welche Promovierenden sind Promotionskollegs von Vorteil?
Promotionskollegs verpflichten zur Teilnahme und haben teilweise Residenzpflicht. Dafür bieten die meisten ein Stipendium, einen Arbeitsplatz und Kurse/Workshops an. Darum eigenen sie sich für Promovierende, die in Vollzeit promovieren möchten. Die meisten Programme sind auf eine Karriere als WissenschaftlerIn ausgerichtet. Darum ist ein Promotionskolleg für diejenigen von Vorteil, die ihre Karriereplanung in Richtung Professur ausrichten wollen.

Ich habe von einem Promotionskolleg erfahren, das thematisch zu meiner Promotion passt. Wie kann ich dort teilnehmen?
Wenn Sie bereits promovieren und Sie sich nicht mehr bewerben können oder wollen, könnten Sie für sich überlegen, welche Art der Kooperation bzw. des Austausches für Sie sinnvoll wäre. Sie könnten schauen, ob es im Kolleg öffentliche Vortragstermine oder eine Tagung gibt und könnten daran teilnehmen. Oder Sie nehmen mit der Koordination des Kollegs Kontakt auf und fragen, ob es eine Möglichkeit gibt, assoziiert, also quasi unbezahlt/ohne Stipendium, an den Veranstaltungen des Kollegs teilzunehmen oder dort mal über das eigene Thema zu berichten.

Ich habe schon eine Promotionsbetreuerin/einen Promotionsbetreuer. Kann diese/dieser mich weiterbetreuen, wenn ich mich auf ein Kolleg bewerbe?
Generell sind die HochschullehrerInnen des Kollegs auch die PromotionsbetreuerInnen der KollegiatInnen. Nach Anfrage besteht jedoch vielleicht die Möglichkeit der Zweitbetreuung. Hier hilft es, sich im Vorfeld bei der Koordination des Kollegs bzw. der oder dem KollegsprecherIn zu erkundigen.

6.5 Strukturierte Programme für Promovierende außerhalb von Kollegstrukturen

Neben den vergleichsweise stark strukturierten Promotionsformaten gibt es häufig noch andere Promotionsprogramme, die weniger verpflichtend sind, die allerdings meist auch keine finanzielle Förderung im Rahmen von Stipendien bereitstellen.

Diese Programme finden sich an fast allen Universitäten. Sie sind auf Lehrstuhlebene, Institutsebene, Fakultätsebene oder auf Universitätsebene angesiedelt. Sie können jedoch auch fakultäts- oder universitätsübergreifend oder als Kooperation zwischen Universitäten und Fachhochschulen konzipiert sein. Sie richten sich entweder an alle Promovierenden oder einzelne Zielgruppen z.B. Fachdisziplinen der Universität bzw. in der Fakultät, z.B. Externe Promovierende oder z.B. für Frauen.

Diese Programme bieten ein großes Spektrum an Unterstützungsleistungen wie Workshops, Beratung, Coaching und Mentoring. Zusätzlich ermöglichen sie Networking und den Austausch zwischen Promovierenden.

Einige Programme koordinieren fakultätsübergreifend Angebote für Promovierende, die dann fachspezifisch und auf den Bedarf der Promovierenden der jeweiligen Disziplin zugeschnitten sind. Manchmal richten sich Veranstaltungen universitätsweiter Programme auch an bestimmte Fachdisziplinen oder an alle Promovierenden.

Einige Tipps helfen bei der Entscheidung und Umsetzung der Promotion in einem strukturierten Format:

- Promotionsstrukturen bieten viele Vorteile für die Promotion. Der Nutzen für das eigene Promotionsprojekt sollte geprüft werden, denn es kommt auf die Balance zwischen Unterstützung und Verpflichtung an!
- Recherchieren Sie, welche Angebote die Universität für Promovierende bereitstellt. Prüfen Sie, ob es Mailinglisten gibt und tragen Sie sich ein.
- Manchmal sind die Angebote schnell ausgebucht, behalten Sie deshalb unbedingt Programmankündigungen und Anmeldetermine im Auge.
- Manche Angebote richten sich eher an Promovierende in den Natur- und Ingenieurwissenschaften, andere an Kultur-, Sozial- und Geisteswissenschaften. Achten sie darauf, dass Sie Angebote auswählen, die für Ihre Fachdisziplin geeignet sind.
- Melden Sie bei der Koordination der Promotionsprogramme den Bedarf nach besonderen Themen an. Denn oft werden die Angebote nachfrageorientiert gestaltet und es besteht die Möglichkeit, Unterstützung zu besonderen Themen zu bekommen.

- Auch hier gilt: Verzetteln Sie sich nicht und sorgen Sie dafür, dass die Arbeit an Ihrer Dissertation nicht zu kurz kommt.

7 Karriereplanung und der Erwerb notwendiger Schlüsselkompetenzen

Mit der Promotion sind i.d.R. Karrierewünsche oder bestimmte berufliche Ziele verbunden. Die Promotion kann Ihnen dabei wichtige Türen öffnen, denn mit einem Doktortitel erfüllen Sie die formalen Voraussetzungen auf eine Juniorprofessur und ggf. im weiteren Verlauf möglicherweise auch auf eine Universitäts- oder Fachhochschulprofessur.

> Spätestens, wenn Sie sich für eine Promotion entscheiden und diese beginnen, sollten Sie sich mit Ihren beruflichen Zielen und Perspektiven nach der Promotion beschäftigen und sich während der Promotionsphase zielgerichtet weiterbilden.

Promovierende können nicht davon ausgehen, dass Ihnen nach der Promotion eine wissenschaftliche Laufbahn sicher ist – dazu werden im Verhältnis zu den abgeschlossenen Promotionsverfahren zu wenige zu besetzende Professuren erwartet (BuWiN 2013). Darum ist es sinnvoll, bereits während der Promotion unterschiedliche Modelle der eigenen Karriereoptionen zu entwickeln und vorzubereiten.

> Auch bzw. gerade dann, wenn Sie eine Karriere als ProfessorIn an der Hochschule anstreben, sollten Sie einen Plan B entwickeln und sich während der Promotion auf Alternativen vorbereiten. Das bedeutet, dass Sie die eigene Weiterbildung in mehrere Richtungen zu planen.

Sollten Sie sich für eine Karriere an der Hochschule entschieden haben, orientieren sie sich an dem Tätigkeitsfeld Ihres Wunschberufs: ProfessorInnen lehren, forschen, publizieren, beraten und führen. Außerdem werben sie Drittmittel ein, planen und führen Tagungen durch, kommunizieren international und ggf. auch interdisziplinär. Für die Planung einer wissenschaftlichen Karriere bedeutet dies, dass es sinnvoll ist, sich bereits während der Promotion auf diese Tätigkeiten vorzubereiten und entweder in der Praxis oder auch in Weiterbildungen Lehr-, Präsentations-, und Publikationskompetenzen zu erwerben und ggf. zertifizieren zu lassen. Auch der Besuch von Veranstaltungen zur Drittmittelakquise oder zum Erwerb interkultureller Kompetenzen (z.B. Sprachkompetenzen) bietet sich an.

Weitere Kompetenzen, die Sie rechtzeitig erwerben sollten, beziehen sich eher auf Anforderungen, die sich WissenschaftlerInnen in ihrem Berufsalltag stellen. Sie werden sowohl im Wissenschaftssystem als auch außerhalb des Wissenschaftssystems benötigt. Dazu gehören Personalführung, Beratung, unternehmerisches Handeln, Konfliktmanagement.

> Schauen Sie, welche Weiterbildungsangebote zur Organisationsentwicklung, zur akademischen Personalentwicklung und zur hochschuldidaktischen Qualifizierung es an Ihrer Hochschule gibt. Auch Programme für den wissenschaftlichen Nachwuchs beinhalten oftmals Weiterbildungen. Besuchen Sie ausgewählte Veranstaltungen und lassen Sie sich die Teilnahme bescheinigen.

Neben der Erfüllung der formalen Voraussetzungen für eine Karriere in der Wissenschaft erwerben Sie jedoch auch andere Kompetenzen, die Ihnen in Ihrer weiteren beruflichen Laufbahn sicherlich nützlich sein werden. Denn während der Promotion werden den Promovierenden durch die Bearbeitung der Dissertation Schlüsselkompetenzen vermittelt: Sie setzen sich inhaltlich mit Fachinhalten auseinander, nutzen Theorien und erwerben Methodenkompetenzen, indem Sie forschen. Sie lernen sich in einem langen Forschungs- und Schreibprojekt selbst zu organisieren, zu präsentieren und wissenschaftlich zu kommunizieren.

> Überlegen Sie, welches berufliche Ziel Sie nach der Promotion anstreben und bereiten Sie sich darauf in der Promotionsphase vor. Schauen Sie, was es an Angeboten auch außerhalb der Hochschulen gibt. Vielleicht gibt es für Sie auch die Möglichkeit, ein Praktikum zu absolvieren.

Allerdings kann es auch sein, dass Sie gar keine wissenschaftliche Karriere anstreben oder aber noch nicht entschieden ist, was Sie nach der Promotion machen möchten. Aber auch dann ist es sinnvoll, die Promotionsphase zum Ausbau zukunftsfähiger Kompetenzen zu nutzen, sofern Ihre zeitlichen Kapazitäten das zulassen.

Hier sollten Sie während Ihrer Promotionsphase unbedingt schauen, wo Sie später arbeiten möchten. Dazu sollten Sie herausfinden, welche Kompetenzen dort verlangt werden und sich in diese Richtung weiterbilden. Unter Umständen bieten Universitäten auch Veranstaltungen zur Karriereentwicklung des Wissenschaftlichen Nachwuchses an. Recherchieren Sie dazu in den Weiterbildungs- bzw. Schlüsselkompetenzprogrammen der Universitäten. Abhängig von Ihren zeitlichen und finanziellen Rahmenbedingungen besteht vielleicht die Möglichkeit, ein Praktikum in einem Unternehmen oder einer Organisation zu absolvieren. Je nach Förderorganisation kann es sogar möglich sein, ein Stipendium für ein Praktikum zu unterbrechen. Hierzu sollten Sie sich bei dem Stipendiengeber informieren.

Teil 2

Das Exposee

8 Grundlegendes zum Exposee

Der zweite Teil des Buches ist auf der Basis zahlreicher von mir gelesener Promotionsexposees und diverser von mir geleiteten Workshops mit Promovierenden und Studierenden entstanden. Er enthält Anregungen und Strategien, die es Ihnen ermöglichen sollen, in kurzer Zeit ein gutes Exposee zu erstellen. Da es für Exposees keine allgemeingültigen Regeln gibt, können diese Anregungen nur eine Hilfestellung dabei sein, genau das Exposee zu schreiben, das zu Ihnen und Ihrem Promotionsvorhaben passt.

Bevor Sie ein Exposee planen, sollten Sie sich, um Ihre Motivation zu klären, mit den Gründen beschäftigen, die Sie zum Schreiben bewegen. Manche Exposees werden nämlich nicht freiwillig oder aus eigenem Antrieb heraus geschrieben, sondern durch Promotionsordnungen, PromotionsbetreuerInnen oder im Rahmen von Bewerbungsverfahren von Stiftungen oder Graduiertenprogrammen verlangt. Die verschiedenen Motive können sich auf den Schreibprozess günstig oder ungünstig auswirken.

Im Folgenden werden Sie erfahren:

- wer welche Erwartungen an ein Exposee hat,
- welche Vorteile ein Exposee bietet,
- wie ein Exposee als Projektplan entwickelt und genutzt wird,
- welche Elemente ein Exposee enthält,
- in welcher Reihenfolge die einzelnen Elemente angeordnet werden können bzw. sollten, also wie ein Exposee aufgebaut wird, und
- welche Techniken Ihnen bei der Erstellung eines Exposees helfen können.

8.1 Was genau ist ein Exposee und wozu dient es?

Kaum eine Promotion in den Geistes-, Kultur- und Sozialwissenschaften wird ohne Exposee begonnen, und auch für die Natur- und Ingenieurwissenschaften können Exposees der Grundstein für eine Promotion sein. Mit einem Exposee sollte deutlich werden, was wann und wie durch die Promovendin oder den Promovenden bearbeitet wird. Das bedeutet, dass möglichst viele Informationen zum eigenen Forschungsprojekt sehr verdichtet transportiert werden müssen, da die Anzahl der Seiten oft durch eine Höchstseitenzahl z.B. 10–20 Seiten oder eine konkrete Seitenzahl z.B. 10 Seiten vorgegeben wird.

> Ein Exposee bildet die Grundlage, auf der der Promotionsprozess beruht. Die Sinnhaftigkeit der geplanten Forschung sollte hier deutlich herausgearbeitet werden. Und auch der Ablauf des gesamten Forschungsprozesses sollte im Vorhinein festgelegt werden. Dabei können Sie auch erwartete Hürden im Forschungsprozess ansprechen, wenn Sie herausarbeiten, wie Sie mit ihnen ggf. konstruktiv umgehen werden.

Ein Exposee ist ein Plan für die Dissertation. Dabei werden der Inhalt, die Struktur und die Arbeitsabläufe des Promotionsprojekts herausgearbeitet. Das Exposee enthält – ähnlich wie ein Projektantrag für ein Forschungsprojekt – einen Forschungsanlass, eine Forschungsfrage und die zur Beantwortung dieser Forschungsfrage nötigen Forschungsmethoden sowie einen Arbeits- und Zeitplan.

Die Konzeptionierung dieses ersten größeren eigenen Forschungsprojekts gestaltet sich mitunter schwierig, weil es einerseits i.d.R. keine verbindlichen Anforderungen an ein Exposee gibt und es andererseits sehr schwierig ist, etwas im Voraus zu planen und zu gestalten, was man noch nie vorher gemacht hat. Darum ist das Exposee gleichzeitig ein Planungsprozess, aber auch schon die Anfangsphase der Promotion.

Neben den fachlichen Themen transportiert ein Exposee implizit, dass Sie in der Lage sind

- ein wissenschaftlich interessantes und relevantes Thema
- unter Berücksichtigung fachlichen und wissenschaftlichen Standards
- in der erforderlichen Qualität
- in angemessenem Umfang
- in der zur Verfügung stehenden Zeit und
- mit den passenden Mitteln (z.B. Methoden und Theorien)

zu bearbeiten.

Ein Exposee erstreckt sich also sowohl auf die Planung der eigenen Forschung und des Schreibprozesses an der Dissertation als auch auf die Herleitung und Begründung des wissenschaftlichen Erkenntnisinteresses.

Mit einem Exposee definieren Sie die Ziele, die Sie mit Ihrer Dissertation erreichen wollen. Sie sind beim Schreiben des Exposees also gezwungen, konkret und präzise über Ihr Vorhaben nachzudenken und die Arbeitsschritte der Arbeit für und an der Dissertation zu planen.

Während der Arbeit am Exposee zeigt sich auch, ob und unter welchen Bedingungen Ihr geplantes Projekt durchführbar ist. Dies ist für Sie sehr sinnvoll, denn inhaltliche, methodische oder zeitliche Probleme können bereits vor der eigentlichen Promotionsphase erkannt und gesteuert werden und rauben Ihnen dann im ohnehin arbeitsaufwändigen Promotionsprozess weniger Zeit und Nerven.

Exposees unterscheiden sich i.d.R. hinsichtlich ihrer Struktur, ihres Inhalts und ihres Umfangs, abhängig davon, welches Ziel die VerfasserInnen mit ihrem Exposee verfolgen. Die Gestaltung ist ebenfalls abhängig davon, ob ein Exposee für die Bewerbung um ein Stipendium, einen Platz an einer Graduiertenschule oder in einem Promotionskolleg oder zunächst bei der Suche nach einer Promotionsbetreuung verwendet werden soll. Wichtig ist deswegen, dass einem selbst klar ist, an wen man sich mit dem Exposee richtet und was für einen Zweck man damit verfolgt. Denn nur so kann man den Umfang, den Inhalt und die Struktur des Exposees zielgerichtet an die speziellen Anforderungen anpassen.

Gerade weil es so viele Möglichkeiten der Gestaltung des eigenen Exposees gibt und weil es hinsichtlich der Inhalte und Struktur keine einheitliche, allgemeine Vereinbarung oder DIN-Norm gibt, kann es sich als hilfreich erweisen, sich vor Beginn der Arbeit an einem Exposee einige Gedanken über folgende Punkte zu machen:

1. Was will ich mit dem Exposee? Welche Absicht verfolge ich mit dem Exposee?
2. Wen muss/will ich mit dem Exposee überzeugen?
3. Ist eine Struktur vorgegeben und wenn ja, welche?

1. Ziele und Absicht des eigenen Exposees

Mit einem Exposee wird nicht nur das Ziel verfolgt, andere von der eigenen Promotionsidee zu überzeugen, sondern es wird auch belegt, dass der oder die VerfasserIn des Exposees in der Lage ist, ein Promotionsprojekt erfolgreich durchzuführen. Mit einem Exposee für ein Stipendium wird möglicherweise beabsichtigt, ein Gremium zu überzeugen. Ein Exposee für die Anmeldung zur Promotion in der Fakultät dient dagegen möglicherweise nur zur Information des Promotionsausschusses, der prüft, ob das Thema fachlich zur jeweiligen Fakultät passt.

2. PromotionsbetreuerInnen und StipendiengeberInnen mit dem Exposee überzeugen

Es ist meistens für das Gelingen eines Schreibprozesses hilfreich, die AdressatInnen des Schreibprojekts zu kennen oder sie sich zumindest vorzustellen. Das bedeutet, dass Sie sich beim Schreiben an der Zielgruppe orientieren können und sollten und dass Sie das Exposee so verfassen, dass es für die jeweiligen AdressatInnen aussagekräftig ist.

Exposees werden bei der Bewerbung um Stipendien, zur Aufnahme in Graduiertenschulen und -kollegs bzw. Promotionskollegs ebenso benötigt wie für einen Antrag zur Zulassung zur Promotion. In manchen Fällen sind Exposees auch bei der Bewerbung auf Stellen als wiss. MitarbeiterIn relevant. Das führt dazu, dass ein Exposee mehrere – und in den Erwartungen an seine Inhalte unterschiedliche – LeserInnen haben kann. Zwar sind fast alle LeserInnen WissenschaftlerInnen, dennoch haben sie unterschiedliche Ansprüche an ein Exposee:

- ProfessorInnen, auch in ihrer Funktion als Angehörige eines Promotionsausschusses,
- WissenschaftlerInnen aus den jeweiligen Stiftungen, bei denen sich die AntragstellerInnen bewerben,
- HochschullehrerInnen in Graduiertenschulen und -kollegs sowie
- WissenschaftlerInnen, die das Exposee im Rahmen einer Stellenbewerbung verlangen,
- Auswahlausschussmitglieder von Begabtenförderwerken, die zum Teil WissenschaftlerInnen sein können, aber auch mit einem anderen Blick auf die Exposees schauen. Sie gehören z.B. aufgrund ihrer Gewerkschafts-, Partei- oder Kirchenzugehörigkeit den Auswahlausschüssen an.

Gleichzeitig mehrere dieser unterschiedlichen LeserInnen zu überzeugen, ist eine Herausforderung an die Gestaltung und die Formulierung des Exposees. Mit einem Text zugleich sowohl ExpertInnen sowie Personen mit anderen Forschungsschwerpunkten oder nicht-wissenschaftliche bzw. disziplinfremde Personen zu überzeugen, verlangt einen Text, der alle erforderlichen Ebenen des Verständnisses abdeckt: Er muss sowohl den wissenschaftlichen und sprachlichen Anforderungen der Fachkultur genügen als auch so verständlich sein, dass er von fachfremden Personen nachvollzogen werden kann.

Die AdressatInnen während des Schreibens im Auge zu behalten, bietet den Vorteil, den Text zielgerichtet an den LeserInnenkreis anpassen zu können. Für das adressatInnengerechte Verfassen eines Exposees steht darum eine Recherche über die Zusammensetzung des LeserInnenkreises an erster Stelle. Gerade für die Bewerbung oder Beantragung eines Stipendiums sollte genau geklärt werden, wer das Exposee ggf. mit welchem Interesse, begutachten wird.

Recherchieren Sie, soweit es Ihnen möglich ist, wer Ihre Zielgruppe ist. Das ist beim Exposee für die eigene Promotionsbetreuung und den Promotionsausschuss relativ schnell klar. Bei einem Exposee, mit dem Sie sich auf ein Stipendium bewerben, kann es jedoch sinnvoll sein, genau zu recherchieren, wer Ihr Exposee begutachten wird. Vieleicht bekommen Sie heraus, wer die VertrauensdozentInnen der jeweiligen Stiftung sind und welche Forschungsschwerpunkte diese haben. Sie können zwar nicht sicher wissen, wer Ihr Exposee begutachten wird, aber immerhin haben Sie eine Ahnung.

Ebenfalls könnten Sie recherchieren, ob bzw. welche Richtlinien es für die Begutachtung von Exposees gibt. In einigen Fällen werden die Kriterien, nach denen GutachterInnen Exposees beurteilen, auf den Webseiten der Begabtenförderwerke veröffentlicht. Das können z.B. Fragen danach sein, wie relevant ein Thema ist, wie sorgfältig und differenziert ein Thema durch die Bewerberin oder den Bewerber beforscht wird, welche interessanten Forschungsergebnisse erwartet werden und wie realistisch der vorgestellte Zeitplan umzusetzen ist.

3. Die Struktur und die formalen Vorgaben an ein Exposee

Ob bzw. welche Vorgaben Sie beim Schreiben des Exposees beachten müssen, erfahren Sie von den AuftraggeberInnen. In Ausschreibungen von Graduiertenkollegs oder in Bewerbungsverfahren von Stiftungen oder Begabtenförderwerken wird häufig die Einhaltung einer vorgeschriebenen Gliederung verlangt. Eine solche Gliederung enthält i.d.R. die Punkte Forschungsstand, Fragestellung, Methode, Hypothesen. Genauso wird eine formale Struktur verlangt. Es kann vorkommen, dass auch PromotionsbetreuerInnen, Lehrstühle oder Fakultäten bestimmte Vorstellungen von Inhalten und Strukturen eines Promotionsexposees haben.

Recherchieren Sie, welche formalen Vorgaben Sie beim Schreiben des Exposees berücksichtigen müssen. Auf den Homepages der Begabtenförderwerke, Stiftungen und Fakultäten bzw. der Promotionsausschüsse lassen sich diesbezüglich Hinweise finden. Sollten Sie nicht fündig werden, fragen Sie, NACHDEM SIE SELBST RECHERCHIERT HABEN!, bei den jeweiligen PromotionsbetreuerInnen, Graduiertenprogrammen, Stiftungen und Begabtenförderwerken oder Promotionsausschüssen nach. Sollten keine formalen Vorgaben bestehen, machen Sie einen Vorschlag für mögliche Inhalte (näheres zu den Inhalten und zum Aufbau des Exposees auch ab S.103).

Machen Sie für sich selbst schon bevor Sie mit der Arbeit am Exposee beginnen einen Zeitplan für die Konzeption und die Verschriftlichung Ihres Exposees! Dieser zeitliche Rahmen für die Erstellung des Exposees und die Aufteilung des gesamten Prozesses in Teilaufgaben (Meilensteine) unterstützt den Schreibprozess und die Planung der Vorbereitungsphase. Bestimmen Sie (in Absprache mit der zukünftigen Promotionsbetreuung oder auf der Basis der Vorgaben von Stiftungen etc.), welche inhaltlichen Bestandteile Ihr Exposee haben sollte und überlegen Sie einen realistischen Zeitplan.

Wofür wird das Exposee gebraucht?

Formal nötig wird ein Exposee in vielen Fällen dazu, vom Promotionsausschuss zur Promotion zugelassen zu werden, denn viele Promotionsordnungen schreiben ein Exposee vor. Aber auch zur Vorstellung des Promotionsprojekts bei einer möglichen Promotionsbetreuung oder in einem Promotionskolleg ist ein Exposee von Vorteil, wenn auch nicht unbedingt eine Voraussetzung.

> Ein Exposee zu schreiben bedeutet, nicht nur für andere, z.B. für den Promotionsausschuss oder eine Stipendienbewerbung, sondern auch für sich selber einen Plan für die gesamte Promotionsphase zu machen.

Ein Exposee hat noch einen weiteren, wichtigen Vorteil: Es schafft eine Basis für die Zusammenarbeit zwischen den Promovierenden und den Betreuenden, denn ein Exposee gibt einen verbindlichen Überblick über das Thema, die Fragestellung, die verwendete Theorie, die verwendete Literatur und die Forschungsmethode. Dass sich sowohl die PromovendInnen als auch die Betreuenden schon vor dem eigentlichen Promotionsbeginn auf die Inhalte und Abläufe geeinigt haben, schützt alle vor Überraschungen und vor allem vor Umwegen, weil relativ genau definiert ist, um was es geht und mit welchen Arbeitsschritten was wann erarbeitet werden wird.

Falls nicht bereits vor Beginn der Promotion geschehen, kann es in vielen Fällen sinnvoll sein, das Exposee auch noch nach dem Beginn einer Dissertation zu schreiben, etwa um sich klar(er) über die Inhalte zu werden, wenn vorher keine Forschungsmethode ausgewählt wurde, oder um mit der Promotionsbetreuung Ziele zu vereinbaren.

> Ein Exposee ist nicht nur lästiges Übel, sondern als Übersicht und zur Planung des eigenen Promotionsprozesses eine gute Idee!

Welche Funktionen erfüllt ein Exposee?

Das Exposee erfüllt folgende Funktionen:

1. Planung der Promotion im Voraus
2. Gewinnen und Überzeugen der Promotionsbetreuung
3. Gewissheit über die Aufgabe
4. Vereinbarung der Inhalte
5. Unterstützung des Zeit- und Selbstmanagements

1. Planung der Promotion im Voraus

Eine Dissertation zu schreiben bedeutet eine sehr komplexe Forschungsarbeit durchzuführen, die mit einer langen Bearbeitungsdauer verbunden. Diese lange Bearbeitungsdauer bewirkt auch, dass die Promotionsphase unübersichtlich werden kann. Das Exposee eignet sich dann dazu, eine Überschaubarkeit herzustellen. Vor allem die Notwendigkeit, das Thema im Vorfeld zu definieren und einzugrenzen, die Fragestellung konkret zu fassen und das methodische Vorgehen auszuwählen, führt zu einer vorausschauenden Planung und späteren Durchführung der Promotion. Ebenfalls kann die Machbarkeit des gesamten Projekts im Vorfeld geprüft werden und bewahrt vor späteren Überraschungen. Die Planung im Voraus macht das mehrjährige Promotionsprojekt nicht nur überschaubar, sondern führt auch dazu, dass es so geplant und zugeschnitten werden kann, dass es in der vorhandenen Zeit und unter den gegebenen Rahmenbedingungen gut zu bewältigen ist!

2. Gewinnen und Überzeugen der Promotionsbetreuung

Ein Exposee kann auch dazu dienen, potentielle Promotionsbetreuende auszuwählen, da die Inhalte nahelegen, welche Expertise genau für eine Betreuung benötigt wird. Es kann in einem weiteren Schritt dazu dienen, das eigene Promotionsprojekt zu präsentieren und die potentielle Promotionsbetreuung vom Projekt zu überzeugen. Zusätzlich kann auf der Grundlage des Exposees diskutiert werden, wie das Thema ggf. weiterentwickelt werden könnte etc.

3. Gewissheit über die Aufgabe

Bei der Vorherplanung im Rahmen eines Exposees müssen alle einzelnen Aufgaben und Arbeitsschritte möglichst genau festgelegt werden. Das bezieht sich auf die Inhalte und auf die Zeiträume, die für diese Arbeiten eingeplant werden müssen.

4. Vereinbarungen der Inhalte

Mit einem Exposee werden Inhalt, Ziel und Ablauf der Dissertation zwischen BetreuerIn und PromovendIn vereinbart. Das betrifft auch die Theoriebezüge, die Forschungsmethoden und die forschungsleitenden Fragen sowie auch mögliche Hypothesen. Das ist bei Unsicherheiten der Promovierenden, die in der Promotionsphase häufig zu finden sind, sehr hilfreich. Vor allem wird die Richtung, in die das Forschungsprojekt steuert, vorher gemeinsam festgelegt und abgesprochen. So ist gewährleistet, dass die zu erbringenden Aufgaben planbar und überschaubar bleiben und dass keine gravierenden Änderungswünsche durch die Promotionsbetreuung, z.B. im Rahmen neuer Arbeitsaufträge, das Dissertationsprojekt verlängern.

5. Unterstützung des Zeit- und Selbstmanagements

Ein Exposee hilft dabei, die für eine Dissertation aufgewendete Zeit vorher zu planen und die eigenen Fortschritte im Promotionsprozess zu überprüfen. Abweichungen der geplanten Inhalte und Arbeitsschritte können so frühzeitig wahrgenommen und korrigiert werden.

FAQs zum Exposee

Muss ich mich während der Promotion an das Exposee halten?
Es ist ganz klar, dass sich im Laufe des Forschungs- und Schreibprozesses, der bei einer Promotion ja einige Jahre dauert, einzelne Punkte ändern, vielleicht weil Sie feststellen, dass sich das, was Sie geplant haben, in der von Ihnen geplanten Form doch nicht umsetzen lässt. Und auch neue Erkenntnisse können im Forschungsprozess die Inhalte und die im Exposee geplanten Schritte verändern, etwa wenn eine Untersuchungsgruppe anders zusammengesetzt – oder die Methode revidiert werden muss. Diese Änderungen sollten zwischen Ihnen und der Promotionsbetreuung besprochen und vielleicht auch in einem veränderten Exposee beschrieben werden, sodass auf dieser Grundlage dann neue Vereinbarungen getroffen werden können. Sprechen Sie Änderungen die das Exposee betreffen, unbedingt mit der Promotionsbetreuung ab und prüfen Sie, ob die Promotionsordnung diesbezüglich Regelungen beinhaltet und Sie ggf. auch den Promotionsausschuss informieren müssen. Normalerweise wird zwar nach der Abgabe Ihrer Dissertation das Exposee nicht mehr geprüft, allerdings könnte es Schwierigkeiten geben, wenn Sie das Thema komplett oder schwerwiegend geändert haben sollten.

Wie viel Zeit muss ich einplanen, um ein Exposee zu schreiben?
Wie viel Zeit für ein Exposee benötigt wird, ist schwer vorherzusagen. Die Arbeit daran kann schon einige Monate in Anspruch nehmen. Das genaue Arbeitspensum hängt u.a. davon ab, welche Vorarbeiten Sie im Studium oder z.B. durch Ihre Diplom-, Magister- oder Masterarbeit schon geleistet haben. Wenn Sie in diesem Zusammenhang beispielsweise bereits den Stand der Forschung aufgearbeitet haben, erleichtert Ihnen das nun die Arbeit. Auch ist entscheidend, wie viel Zeit Ihnen für die Erstellung des Exposees überhaupt zur Verfügung steht. Im Kapitel 10.7 „Der Arbeits- und Zeitplan“ werde ich Ihnen erläutern, wie Sie berechnen können, wie lange Sie in etwa für die Erarbeitung Ihres Exposees brauchen werden. Doch auch, wenn die Arbeit umfassender sein sollte, als es Ihnen zu diesem Zeitpunkt lieb ist: Generell verkürzt ein gutes Exposee Ihre Promotionsphase, denn viele Schwierigkeiten des Forschungsablaufs haben Sie im Vorfeld schon bewältigt! Die Arbeit lohnt sich also immer!

Muss ich beim Schreiben des Exposees bestimmte Formatvorgaben einhalten bzw. ein bestimmtes Layout verwenden?
Ob bzw. welche Formatvorgaben einzuhalten sind, sollte speziell für jedes Exposee recherchiert werden. Je nach AuftraggeberIn (z.B. PromotionsbetreuerIn, Stiftung, Begabtenförderwerk oder Promotionsausschuss) gibt es unterschiedliche Vorgaben für die Inhalte und das Layout eines Exposees. Auf den Webseiten der Fakultäten oder Stiftungen oder aber in einem persönlichen Gespräch mit den künftigen PromotionsbetreuerInnen lässt sich herausfinden, welche konkreten Vorgaben bestehen. Sollten keine Formate bzw. Formatvorlagen vorgegeben sein, orientieren Sie sich am besten daran, was in der jeweiligen Fachdisziplin üblich ist.

Wie lang soll bzw. darf das Exposee sein?
Der Umfang eines Exposees hängt von den AdressatInnen bzw. deren Vorgaben ab. Sollte der Umfang nicht angegeben sein, können Sie selbst entscheiden! Üblicherweise sind Exposees 10–15 Seiten lang. Allerdings gibt es, je nach Auftrag, Exposees, die 20–25 Seiten lang sein sollen und es gibt Kurzexposees, die in ihrer ersten Fassung nur zwei Seiten umfassen sollen. Der Umfang eines Exposees zur Bewerbung auf ein Stipendium ist bei einer Stiftung/einem Begabtenförderwerk in der Regel vorgegeben. Diese Vorgabe finden Sie auf den Webseiten der jeweiligen Stiftung. Sie sollten darauf achten, diese Vorgaben zwingend einzuhalten. Ob ein Promotionsausschuss bzw. eine Promotionsbetreuung Vorgaben zur Länge eines Exposees macht, sollten Sie recherchieren bzw. direkt erfragen.

Wie zitiere ich in einem Exposee?
Die Zitierweise ist abhängig von der Fachdisziplin, beispielsweise zitieren HistorikerInnen anders als SozialwissenschaftlerInnen. Möglicherweise verlangen aber auch die AuftraggeberInnen des Exposees, also z.B. eine Stiftung oder ein Begabtenförderwerk, eine bestimmte Zitierweise. Dann sollten Sie zur Einreichung Ihres Exposees die vorgeschriebenen Zitierweisen auch verwenden. Auch das lässt sich auf den entsprechenden Webseiten recherchieren.

> Recherchieren Sie, bevor Sie ein Exposee einreichen, ob bzw. welche Vorgaben es zum Layout, zur Zitierweise, zur Länge und zum Aufbau des Exposees gibt. Üblicherweise sind die Vorgaben auf den Webseiten der AuftraggeberInnen des Exposees zu finden. Sollte es keine Vorgaben geben, gestalten Sie das Exposee nach eigenem Gusto und halten Sie sich an das übliche Vorgehen der Fachdisziplin.

Gibt es feste Termine zur Einreichung des Exposees?
Manchmal müssen Exposees zu festen, vorgeschriebenen Terminen eingereicht werden. Das betrifft vor allem jene Exposees, die zur Bewerbung bei

einem Begabtenförderwerk, einer anderen Stiftung oder einem Graduiertenkolleg verlangt werden. Auch Fakultäten können Fristen vorgeben, die dann jeweils abhängig davon sind, wann der Promotionsausschuss tagt.

Ich habe zwei AuftraggeberInnen: Meine Promotionsbetreuung bzw. der Promotionsausschuss verlangt ein anderes Exposee als ich es für die Bewerbung bei einem Begabtenförderwerk brauche. Muss ich zwei Exposees schreiben?
Im Zweifel: Ja! Allerdings könnten Sie zunächst versuchen, mit Ihrer Promotionsbetreuung bzw. dem Promotionsausschuss die Inhalte des Exposees zu klären und darum bitten, die Anforderungen an das andere Exposee anzupassen. Wichtig ist, dass das Exposee für die Bewerbung auf ein Stipendium den formalen Anforderungen entspricht.

Muss ich das Exposee in der „Wissenschaftssprache" formulieren?
Das Promotionsexposee wird in der Sprache der jeweiligen Fachdisziplin geschrieben. Das bedeutet, dass übliche Definitionen und Fachbegriffe benutzt werden. Nicht gemeint ist damit aber, dass ein Exposee verklausuliert wird, indem die Sprache künstlich aufgebläht und die Sachverhalte möglichst kompliziert formuliert werden. Das Exposee soll zwar fachlich und sprachlich anspruchsvoll sowie wissenschaftlich relevant sein, es soll aber auch für nichtwissenschaftliche GutachterInnen bzw. Auswahlausschussmitglieder bei Stiftungen les- und nachvollziehbar sein. Deswegen sollte es zwar schon in der „Wissenschaftssprache" formuliert sein, eine gute Lesbarkeit und Verständlichkeit ist dabei aber dringend zu berücksichtigen!

9 Themenfindung – Themeneingrenzung – Fragestellung

Die Themenfindung ist, vor allem in den Sozial-, Kultur- und Geisteswissenschaften, bereits ein Teil des Promovierens, denn sie nimmt viel Zeit in Anspruch. Anders als in den Natur- und Ingenieurwissenschaften, in denen das Thema durch die Promotionsbetreuung gestellt wird, muss das Promotionsthema in den Sozial-, Kultur- und Geisteswissenschaften selber entwickelt – und zugeschnitten werden. Die Eingrenzung des Themas und die Konkretisierung der Fragestellung sowie die damit verbundene Auswahl der Forschungsmethoden führen dazu, dass die Vorbereitungsphase einer Promotion fast schon eine Wissenschaft für sich wird. Allerdings bedeutet das auch, dass diese umfassende Vorbereitung die Schreibphase sortiert und organisiert und damit möglicherweise verkürzt, denn je besser ein Thema vorbereitet, eingegrenzt und konkretisiert ist, desto leichter fällt die Arbeit hinterher.

9.1 Wie finde ich ein geeignetes Promotionsthema?

Das Thema für die Promotion kann unterschiedliche Ursprünge haben. In einigen Fällen wird das Thema durch die Mitarbeit in einem Projekt vorgegeben. In anderen Fällen haben Betreuende konkrete Vorstellungen über ein Dissertationsthema oder stellen ein Thema bzw. mehrere Themen zur Auswahl bereit. Und auch bei der Bewerbung auf Stipendien in Graduierten- bzw. Promotionskollegs ist der inhaltliche Rahmen vorgegeben.

Während eine Vorgabe des Themas durch AuftraggeberInnen wie die ProfessorInnen oder das Kolleg bzw. Forschungsprojekt den Prozess der Themenwahl erleichtern und verkürzen kann, berücksichtigen selbst gewählte und entwickelte Themen eher eigene Interessen und Erfahrungen. Diese eigenen Themen für eine Dissertation ergeben sich beispielsweise in der letzten Studienphase, wenn z.B. die Masterarbeit das weiterführende Interesse am Thema geweckt hat. Manchmal werden Promotionsthemen aber auch in der Berufspraxis, also im Verlauf des Berufslebens, entdeckt.

Im Anfangsstadium eines Promotionsprozesses sind Themen oft wenig konkret und stellen sich eher als wissenschaftliches Interesse an einem bestimmten Problem oder an einem empirisch beobachteten Phänomen dar. Ob ein Thema durch die BetreuerInnen oder das Projekt vorgegeben ist oder ob es selbst entdeckt wurde: Die Herangehensweisen, ein Thema für eine Dissertation aufzubereiten, gleichen sich. In der Praxis werden die Themen von Promovierenden nach folgenden Motiven gewählt:

Fragt man Promovierende danach, wie sie auf ihr Promotionsthema gekommen sind, nennen diese die folgenden Gründe:

- Das Thema macht mir *Spaß*. Ich habe es nach *eigenem Erkenntnisinteresse* und nach meinen Vorlieben ausgewählt.
- Das *Thema der Masterarbeit* hat mein Interesse geweckt, weitere Forschungen zu betreiben.
- ProfessorInnen machten mir *Themenvorschläge*, die von mir ausgearbeitet werden.
- Das Thema erschien mir *wissenschaftlich relevant.*
- Das Thema war/ist innerhalb der Fachdisziplin *aktuell.*
- Das Thema war *praktisch*, weil es dazu führt, mein mit der Promotion angestrebtes Karriereziel zu erreichen.
- Das Thema schien *machbar* und ist *praxisnah* durchzuführen.
- Das Thema war durch die *inhaltliche Ausrichtung eines Graduiertenkollegs* vorgegeben.
- Das Thema bot sich durch meine Beschäftigung als wissenschaftliche Mitarbeiterin/wissenschaftlicher Mitarbeiter in einem *Forschungsprojekt* an.

Was genau ist denn wichtig bei der Themensuche?

Im Folgenden finden Sie einige Punkte, an denen Sie sich bei der Themensuche orientieren können:

- Das Thema sollte so spannend sein, dass es Sie bis zum Ende der Promotionsphase (und möglicherweise darüber hinaus) motiviert.
- Das Thema sollte auch für die Wissenschaft interessant sein. Ihre Forschung sollte wissenschaftlich relevante Ergebnisse bringen.
- Das Thema sollte Sie überzeugen, es sollte sich richtig „anfühlen“.
- Das Thema sollte in die Fachdisziplin passen, in der Sie promovieren wollen. Ggf. können Sie sich interdisziplinär, also in zwei Fachdisziplinen, verorten.
- Das Thema sollte so gewählt sein, dass Sie nach Abschluss der Promotion neue, fachliche Kompetenzen erworben haben und Sie sich durch die thematische Bearbeitung in Ihrem Fach weiterqualifizieren.
- Das Thema sollte zu Ihren übrigen beruflichen Plänen einen Bezug haben. Von Vorteil ist es, wenn Sie die Erkenntnisse die Sie durch den Promotionsprozess erwerben, entweder als Grundlage weiterer

Forschungen, oder als Ergebnisse Ihrer Forschungen für die Berufspraxis einsetzen können. Das ist oft ein wichtiger Aspekt für Promovierende, die neben Ihrem (außeruniversitären) Berufsleben promovieren.

- Das Thema muss so formuliert sein, dass es bearbeitbar ist, d.h. es muss konkret fassbar sein.
- Der Umfang des Themas sollte den zur Verfügung stehenden Zeitrahmen der Promotion nicht sprengen.
- Das Thema sollte so konzipiert sein, dass sich Ihr Forschungsanliegen durch fehlende oder unzureichende vorhergehende Forschungen (die Forschungslücke) erklären lässt.

Welche Arbeitsschritte gehören zur Themenfindung?

Aus einem allgemeinen Thema muss erst einmal ein spezielles Promotionsthema werden, das im Rahmen des eigenen Forschungsprojektes bearbeitbar wird. Wie aber wird ein Thema so zugeschnitten, dass es bearbeitbar wird?

Zunächst benötigen Sie eine Idee! Ideen entspinnen sich meistens aus Inhalten und interessanten Themen aus dem Studium, aus Ihren Bachelor-. Master oder Diplomarbeiten oder auch aus interessanten Phänomenen aus der Praxis, etwa dem Berufsleben.

> Kaufen Sie sich zur Themenfindung ein schönes Büchlein oder eine Kladde, die Sie immer in Ihrer Tasche oder im Rucksack mitnehmen können. Fangen Sie an, jede Idee oder Frage zum Thema aufzuschreiben. So geht Ihnen unterwegs nichts verloren. Sie können statt eines Büchleins natürlich auch ein Diktiergerät, Tablet oder Ihr Handy benutzen.
>
> Die besten Ideen kommen übrigens erfahrungsgemäß nicht auf Bestellung, sondern eher ungeplant, spontan und zwischendurch: Umso besser, wenn Sie sie gleich notieren können!

Einige hilfreiche Schritte zur Themenfindung sind:

1. Brainstormen
2. Recherchieren
3. Fragen an das Thema stellen
4. Texte lesen und Inhalte sortieren

Auf diese vier Punkte werde ich nun einzeln eingehen.

1. Brainstormen

Schreiben Sie zunächst Ihre Idee auf ein Blatt Papier und sammeln Sie alle Aspekte, die diese Idee betreffen. Sie können die ursprüngliche Idee in die Mitte schreiben und einkreisen und dann drum herum alles, wirklich alles (!!!), aufschreiben, was Ihnen dazu einfällt. Das können Stichpunkte oder Schlagworte, können aber ggf. auch kurze Fragen sein.

Worauf es bei dieser Methode ankommt, ist, dass Sie wirklich erst einmal unzensiert *alle* Ideen und Informationen sammeln, ohne sich allzu früh zu beschränken. Werten Sie nicht. Und streichen Sie erstmal noch nichts durch. Sammeln ist in dieser Phase wichtig! Nur so stellen Sie sicher, dass sie viele Aspekte Ihres zukünftigen Themas im Blick haben!

2. Recherchieren

Fangen Sie möglichst bald an, Literatur zu Ihrem Thema zu recherchieren. Nutzen Sie dazu die Fachdatenbanken Ihrer Fachdisziplin. Recherchieren Sie dazu auf der Webseite ihrer Universitätsbibliothek. Finden Sie heraus, welche Forschungen und Forschungsergebnisse es bereits zu Ihrer Idee gibt. Schauen Sie auch in den Zeitschriften der Fachgesellschaften nach thematischen Verknüpfungen mit Ihrer Idee. Notieren Sie zunächst alle Ideen, Unklarheiten, auftauchenden Probleme und Fragen zu Ihrer Idee. Bleiben Sie dabei möglichst wertfrei und zensieren Sie nicht. Eine Eingrenzung ist in der Phase der Themenfindung noch nicht nötig und könnte sogar den Blick für interessante Aspekte des Themas verschließen, darum sollte in dieser Phase auf breiter Ebene recherchiert und sortiert werden.

> Der *Informationsdienst Wissenschaft* bietet Nachrichten aus Wissenschaft und Forschung. Dort kann man frei recherchieren oder sich registrieren und ein eigenes Benachrichtigungsprofil anlegen, mit dem man individuell zugeschnittene Nachrichten erhält. Sie finden diesen Dienst unter: www.idw-online.de
>
> Die *Deutsche Digitale Bibliothek* ist ein Portal zur Recherche und vernetzt Kultur- und Wissenschaftseinrichtungen in Deutschland. Im Internet ist sie zu finden unter: www.ddb.de
>
> Eine Datenbank über laufende und abgeschlossene Forschungsprojekte bietet die DFG. Auch hier können Sie sich zu Forschungsthemen informieren und ggf. weiter recherchieren. Zu finden unter: gepris.dfg.de
>
> Einen Überblick über alle nationalen und internationalen Tagungen erhalten Sie hier: www.conferencealerts.com

3. Fragen an das Thema stellen

Notieren Sie alle interessanten Aspekte zum Thema. Schreiben Sie alle Fragen auf, die sich aus der Literatur ergeben. Versuchen Sie durch weitere Recherchen Ihre Fragen zu klären und zu beantworten und finden Sie neue Fragen. Versuchen Sie möglichst viele Perspektiven des Themas zu beleuchten. Machen Sie eine Liste mit Fragen, die in Ihrem Forschungsfeld bereits gestellt und beantwortet wurden, listen Sie weitere Fragen auf, die zu ihrem Themenkomplex noch offen sind. Meist ergeben sich nach einer gründlichen Literaturrecherche doch noch neue, offene, wissenschaftlich relevante Fragen zum Themenkomplex, die im Rahmen einer Dissertation bearbeitbar erscheinen.

> Überlegen Sie, ob Sie ein Literaturverwaltungsprogramm nutzen wollen (siehe Kapitel 12.2 „Literaturverwaltungsprogramme" ab S. 152). Mit Literaturverwaltungsprogrammen können nicht nur Literaturbestände verwaltet oder in Textverarbeitungsprogrammen zitiert werden, sondern viele Programme (z.B. Citavi) lassen sich auch als Wissensmanagement-Tool verwenden, mit dem Sie bereits gelesene Texte organisieren können. Falls Sie bisher noch keine Erfahrung mit Literaturverwaltungsprogrammen gemacht haben, bietet sich eine diesbezügliche Fortbildung an. Kurse dazu werden häufig in Universitätsbibliotheken oder in Graduiertenprogrammen der Universitäten/Fakultäten angeboten.

4. Texte lesen und Inhalte sortieren

Bevor Sie an einen Text herangehen, überlegen Sie sich, was Sie eigentlich von diesem Text wollen. Ihnen sollte klar sein, wozu Sie diesen Text brauchen wollen und welche Fragen der Text beantworten soll. Das führt dazu, dass Sie bereits am Anfang des Recherche- und Leseprozesses Texte beim Lesen sortieren und auf ihre Nützlichkeit hin überprüfen können. Bleiben Sie dabei aber aufmerksam auch für neue Erkenntnisse, Denkweisen und Ideen, die Sie aus den Texten herausziehen und für Ihr Forschungsprojekt nutzen.

Eine Struktur, wie Sie gewinnbringend an Literatur herangehen, sollten Sie vor dem Lesen überlegen. Dabei ist es wichtig, darüber nachzudenken, welche Informationen Sie aus den zu lesenden Texten generieren und in Ihr Forschungsprojekt einfließen lassen wollen. Eine Tabelle als Lesehilfe können Sie sich am besten selbst erstellen oder besser dafür von Anfang an ein Literaturverwaltungsprogramm nutzen. Wichtig ist, dass Sie diese Lesehilfe an Ihr Erkenntnisinteresse anpassen. Einen Vorschlag zur Lesehilfe finden auf der nächsten Seite.

Tool: Lesehilfe zur Promotionsvorbereitung

Bibliografische Angaben:	Wann gelesen:
Welche Fragestellung hat der Text?	
Was sind die Untersuchungsmethoden? Wie ist das Untersuchungsfeld?	
Welche zentralen Erkenntnisse hat der Text?	
Welchen Einfluss kann der Text auf meine Arbeit haben?	
Welche Kritik habe ich an diesem Text? Wo sind Fragen offen geblieben?	

Das Arbeitsblatt ist online abrufbar:
http://coachingzonen-wissenschaft.de/downloads

FAQs zur Themenfindung

Woran erkenne ich ein gutes Thema?
Eigentlich gibt es keine „guten" oder „schlechten" Promotionsthemen. Dennoch gibt es einige Kriterien, die bei der Themenwahl eine Rolle spielen: Zunächst sollte das eigene Erkenntnisinteresse am Thema und der Forschungsfrage so groß sein, dass die Motivation während der Promotionsdauer erhalten bleibt. Außerdem sollte das Thema auch so konzipiert sein, dass sich Literatur zur Bearbeitung sowie eine Promotionsbetreuung finden lassen. Wenn Sie eine empirische Arbeit planen, sollte es geeignete Methoden und einen Zugang zum Forschungsfeld geben, der für Sie offen ist. Optimal ist es, wenn Sie Ihr Thema mit anderen Forschenden diskutieren können. So können Sie mögliche Überschneidungen zu anderen Themen ausschließen bzw. für sich nutzen, indem Sie ihr Thema neu eingrenzen und Theorien und Diskurse in Ihrer Fachdisziplin oder interdisziplinär diskutieren und einbeziehen.

Wie finde ich heraus, ob jemand anderes mein Thema bereits bearbeitet hat?
Um auszuschließen, dass jemand anderes das eigene Promotionsthema bearbeitet hat, oder um herauszufinden, wie nah man mit seinem Thema an anderen Themen ist, hilft eine gründliche Recherche. Dabei ist eine Literaturrecherche generell unerlässlich, wobei diese immer relativ am Anfang der Planung des Exposees stehen sollte. Währenddessen ist auch danach zu suchen, wer noch in dem Bereich der eigenen Forschung oder aber in angrenzenden Bereichen bzw. Disziplinen forscht. Hier ist es hilfreich zu wissen, ob wissenschaftliche Tagungen oder Konferenzen zum eigenen Themenbereich stattfinden und wer dort welche Vorträge hält. Dann mag es sinnvoll sein, auf den entsprechenden Webseiten zu recherchieren und ggf. Publikationen der Vortragenden auf Überschneidungen zu überprüfen. Vielleicht lässt sich auch noch herausfinden, ob die Vortragenden Dissertationen betreuen, die das eigene Thema zum Inhalt haben. Es lohnt sich auch, die Inhaltsverzeichnisse der Zeitschriften der Fachgesellschaften zu sichten. Für viele Disziplinen besteht keine Übersicht aller Promotionsthemen. Viele Fakultäten listen die Titel der abgeschlossenen Promotionen auf.

Was ist, wenn ich erst zu spät herausfinde, dass jemand anderes mein Thema bearbeitet hat?
Das so etwas vorkommt, ist relativ selten, denn in der Regel kennt man über die vielen Jahre, die die eigene Promotion dauert, diejenigen, die an ähnlichen Themen forschen. Falls es aber doch mal passieren sollte, haben Sie zwei Möglichkeiten: Entweder Sie beeilen sich und sind schneller! Oder Sie warten ab, studieren die Arbeit der anderen Person gründlich und nehmen sie in Ihren Forschungsstand auf. Idealerweise finden Sie in der ähnlichen Arbeit dann eine Forschungslücke, die Sie dann mit der eigenen Arbeit versuchen können zu schließen. Oder Sie finden eine Schwäche der anderen Arbeit, also

etwas, was Sie in Ihrer Arbeit besser gemacht haben, und heben das dann hervor.

Und: Sie brauchen keine Befürchtung haben, dass es zwei gleiche Arbeiten geben wird, wenn Sie eine empirische Arbeit schreiben, für die Sie eigene Forschungsdaten erheben. Denn eigene Daten beeinflussen üblicherweise einen Großteil der Ergebnisse und sind in einer anderen Arbeit nicht reproduzierbar.

Was bedeutet eigentlich „wissenschaftliche Relevanz"?
Generell ist damit gemeint, dass es für das eigene Thema eine wissenschaftliche Begründung geben muss. Die Frage dahinter ist die, warum das Thema für die Wissenschaft spannend oder sogar notwendig ist, warum die Wissenschaft Ihre Ergebnisse wissen wollen sollte. Die wissenschaftliche Relevanz eines Themas wird also mit dem Stand der Forschung begründet und leitet sich aus dem Forschungsbedarf ab.

Oft ist es so, dass die Promotionsidee am Anfang weniger aus wissenschaftlichem Erkenntnisinteresse sondern durch eine Praxisbeobachtung oder interessengeleitet entsteht. Ein Exposee benötigt aber die Herausstellung der wissenschaftlichen Relevanz, denn Sie müssen den Sinn des Promotionsthemas begründen.

9.2 Wie grenzt man ein Thema ein?

Es ist für den Promotionsprozess hilfreich und notwendig, das Thema einzugrenzen. Ideal geschieht das, nachdem Sie bereits Aspekte und Informationen gesammelt, recherchiert und auf Ihre Verwendung geprüft und möglichst alle Aspekte, die das Thema betreffen, beleuchtet haben.

Der Prozess des Eingrenzens eines Themas

Ein Thema einzugrenzen ist nichts, was man an einem Tag macht, sondern es handelt sich um einen relativ langwierigen Prozess, der fünf Phasen enthält. Diese fünf Phasen möchte ich Ihnen mit der folgenden Tabelle vorstellen.

Tabelle 1: Der Prozess der Themenfindung

Eine Idee entwickeln	Eine Idee wird durch Interessen, Probleme, Diskurse aus der Literatur, aus der Forschung heraus und aus Alltagsbeobachtungen, möglicherweise während des Studiums oder auch später entwickelt.
Sammeln	Fragen zur Idee werden aufgeschrieben und neue Ideen und Gedanken sowie vorhandene Forschungserkenntnisse werden gesammelt. Eine umfassende Literaturrecherche wird durchgeführt.
Prüfen	Es wird hinterfragt, welche Themenbereiche bearbeitet werden sollen und welche Fragen sich ergeben.
Sortieren	Hier spielen folgende Fragen eine Rolle: In welcher Beziehung stehen die ausgewählten Bereiche? Welche Zusammenhänge gibt es sonst noch? Was ist Oberthema, was ist Teil eines anderen Themas?
Eingrenzen	Nun wird entschieden, welche Themenbereiche genau bearbeitet werden. Es wird konkretisiert und selektiert. Die Entscheidung, welche Bereiche ausgeschlossen und welche Bereiche beforscht werden sollen, wird getroffen.
Gliedern	Zuletzt wird die Reihenfolge festgelegt, in der man die einzelnen inhaltlichen Aspekte in der Dissertation abarbeiten möchte.

Achtung!

Der Prozess der Themenfindung und Themeneingrenzung verläuft nicht linear, sondern es handelt sich um einen Prozess, der üblicherweise mit einigen Schleifen und Rückkopplungen verbunden ist. So ist es z.B. üblich, dass sich nach dem Sortieren des Materials neue Fragen ergeben, zu denen dann wieder recherchiert, beantwortet und neu formuliert werden muss.

Themeneingrenzung als Technik

Eine gute Eingrenzung des Promotionsthemas ist wichtig, weil das Thema dadurch überschaubar und im Rahmen einer Dissertation bearbeitbar wird, denn es steht ja lediglich eine begrenzte Zeit für die Promotion zur Verfügung.

Statt die Themeneingrenzung inhaltlich vom Thema selbst abzuleiten, können Eingrenzungskriterien an das Thema angelegt werden. Das bedeutet, dass Sie erst das Thema formulieren und es später, quasi technisch, eingrenzen (Beispiele s.u.). Diese Herangehensweise, das Thema nicht aus sich heraus, sondern strategisch, anhand von äußeren, formalen Kriterien einzugrenzen, ermöglicht im ersten Schritt eine schnellere Eingrenzung und schließt die inhaltliche Eingrenzung mit ein (siehe unten).

Die Themeneingrenzung lässt erkennen, was genau in der Arbeit erforscht wird, also welchem Forschungsinteresse Sie nachgehen. Die Themeneingrenzung ist aber NICHT die Fragestellung der Arbeit, sondern sie spezifiziert das Thema, indem sie detailliert aufzählt, welche Schwerpunkte/ Aspekte das Thema beinhaltet.

Ein Thema kann nach verschiedenen Kriterien eingegrenzt werden:

- zeitlich
- geografisch
- nach Institutionen/Einrichtungen/Organisationen
- nach Personengruppen oder Individuen
- nach Theorien oder Ihren VertreterInnen
- nach Quellen, Medien
- nach Methoden
- ...

Beispiele für eine zeitliche Eingrenzung:

- einen definierten Zeitraum, von–bis, Beschränkung auf bestimmte Jahrgänge
- Von–Bis März 1983 bis Februar 1984
- Zwischen 1983 und 1990
- Epochen wie Mittelalter oder künstlerische Epochen
- Im 20. Jahrhundert
- Während der Ära des, während des zweiten Weltkrieges
- Zu Zeiten des ...
- Während der Weimarer Republik, während der französischen Revolution, beim G8-Treffen
- ...

Beispiele für eine geografische Eingrenzung

- Orte, wie Länder, Kontinente, bestimmte Plätze
- In einem Dorf/Stadt, Hauptstadt, Landkreis, Bundesland, Kontinent
- In der Arktis
- G8-Staaten
- In der Weimarer Republik
- ...

Beispiele für eine Eingrenzung nach Institutionen/Einrichtungen/Organisationen[3]

Es kann sich hier um ganze Institutionen/Organisationen handeln, oder um Teile/Ebenen davon.

- Schulen, Universitäten
- Behörden
- Unternehmen
- Stiftungen
- Institute wie Bildungsträger
- ...

Beispiele für die Eingrenzung nach Personengruppen oder Individuen

- Eingrenzung nach Berufsgruppen, z.B. ErzieherIn oder Arzt/Ärztin, SchichtarbeiterInnen, Frauen in Männerberufen, Männer in Frauenberufen, MigrantInnen, Bauern und Bäuerinnen oder SchülerInnen.
- Geschlecht
- soziale Herkunft
- regionale Herkunft
- ...

Konkrete Personen sind beispielsweise:

- WissenschaftlerInnen
- NobelpreisträgerInnen
- PhilosophInnen
- PolitikerInnen
- ErfinderInnen
- BegründerInnen von Theorien oder theoretischen Schulen
- DichterInnen
- Werke von ...
- ...

Hier könnte die Aufzählung weitergehen. Mit Personengruppen und Individuen sind die Personen und Personengruppen gemeint, an denen Sie sich in Ihrer Dissertation orientieren bzw. deren Leben und Werk oder deren Lebens- und Arbeitsbedingungen o.ä. Sie erforschen.

---

3 Die Begriffe Institution und Organisation werden je nach Fachdisziplin unterschiedlich verwendet. Hier geht es mir nur darum, das Forschungsfeld, auf das sie sich beziehen, einzugrenzen. Darum gehe ich nicht auf die unterschiedlichen Definitionen ein.

Beispiele für die Eingrenzung nach Theorien oder Ihren VertreterInnen

Manche Forschungsprojekte fokussieren auf bestimmte wissenschaftliche Theorien oder deren VertreterInnen. Gemeint sind z.B. Theorien aus der Physik, der Philosophie, Politikwissenschaft, Soziologie oder Kultur- und Geisteswissenschaft.

- didaktische Theorien/Theorien der LehrerInnenbildung
- Theorie des kommunikativen Handelns von Habermas
- Relativitätstheorie
- Kunsttheorie
- ...

Beispiele für die Eingrenzung nach Quellen oder Medien

- Eingrenzung nach Literaturquellen
- Medien
- Dokumentensammlungen
- ...

Beispiele für die Eingrenzung nach Methoden

Auch die Festlegung auf eine Forschungsmethode ist eine Eingrenzung

- Diskursanalysen
- Inhaltsanalysen
- ...

Diese Eingrenzungen können auch im Rahmen eines Vergleichs oder als Beispiel erfolgen. Dann werden möglichst für jeden Aspekt des Themas ein oder mehrere Eingrenzungskriterien hinzugezogen. Optimal ist es, wenn so viele Eingrenzungskriterien für das Thema gewählt werden, dass keine weitere Eingrenzung mehr möglich ist.

Und so kann eine Eingrenzung mit den genannten Kriterien erfolgen: Ein Beispiel

Wenn Sie ein Thema eingrenzen wollen, ist es wichtig, das Thema aufzuschreiben und jedes Eingrenzungskriterium anzuwenden. Dabei ist es wichtig, dass die Eingrenzung nicht willkürlich passiert, sondern argumentativ aus dem Forschungsstand bzw. der Theorie hergeleitet ist. Dabei werden theoretische Konstrukte operationalisiert, d.h. sie werden messbar gemacht und konkretisiert.

Ich möchte Ihnen das einmal am Beispiel des Themas „Soziale Ungleichheit" vormachen:

- Zunächst grenzt man zeitlich ein. Aus „sozialer Ungleichheit" wird „soziale Ungleichheit zwischen **1960 und 1990** (Der Zeitraum muss sich aus dem Forschungsstand begründen, etwa weil zwischen 1960 und 1990 das Bildungssystem immer weiter ausgebaut wurde.)

- Dann wird geografisch eingegrenzt. Jetzt geht es um die „soziale Ungleichheit **in Deutschland** zwischen 1960 und 1990" (Der Ort muss sich aus dem Forschungsstand begründen, etwa weil das Bildungssystem sich in Deutschland speziell verändert hat) oder ein Vergleich zwischen zwei Orten, z.B. Vergleich zwischen dem deutschen und dem schwedische Bildungssystem im Hinblick auf… Aspekte in den Jahren… von–bis

Jetzt könnten einzelne Aspekte, die für die Forschung interessant sind, detailliert benannt werden, z.B.:

- Auswirkungen sozialer Ungleichheit
- spezielle Gruppen, die von der Ungleichheit betroffen sind, z.B. Frauen
- ein Vergleich von Gruppen, die von Ungleichheit unterschiedlich betroffen sind oder
- ein Vergleich von Gruppen, die von Ungleichheit gleich betroffen sind, aber unterschiedliche Zugänge oder Auswirkungen haben oder sich in anderer Weise unterscheiden.

Die Konkretisierung muss dann in dieser Form weiter entwickelt werden, dass ein Thema entsteht, das so weit eingegrenzt ist, dass es praktisch bearbeitbar wird Um nachvollziehen zu können, wie das Ergebnis einer Themeneingrenzung in der Praxis aussieht, empfiehlt es sich, fertige Dissertationen zu sichten. Die Eingrenzung des eigenen Promotionsthemas sollte auch in der Absprache mit der Promotionsbetreuung erfolgen.

> Formulieren Sie aus dem fertig eingegrenzten Thema ein bis zwei Sätze. Daraus können Sie dann den Arbeitstitel Ihrer Dissertation ableiten. Außerdem können Sie mithilfe Ihrer Themeneingrenzung eine kleine Einleitung Ihrer Arbeit verfassen (siehe Kurzexposee ab S. 142)

FAQs zur Themeneingrenzung

Ist die Themeneingrenzung wirklich so wichtig
Ja! Schlecht bzw. unzureichend eingegrenzte Promotionsthemen führen zu zwei markanten Problemen: Erstens, es fehlt die Orientierung beim Schreiben, d.h. man „schwimmt" oft genug und wird unzufrieden, streicht und schreibt neu. Und zweitens wird man nicht fertig, weil ja immer noch etwas zu forschen, zu recherchieren und zu schreiben ist. Später fällt es dann schwer, Streichungen vorzunehmen, weil auch alles schon Arbeit gemacht hat und irgendwie zum Thema passt. Also: besser vorher eingegrenzt, denn

die Promotion soll sich ja lediglich auf eine begrenzte Zeit erstrecken und kein Lebenswerk sein!

Kann man ein Thema auch zu stark eingrenzen?
Das Thema zu stark eingrenzen kann man eigentlich nicht, allerdings wäre die Frage sinnvoll, wie „groß“ oder „klein“ ein Thema sein darf oder muss. Der Umfang eines Themas hängt vor allem von der wissenschaftlichen Relevanz und der Machbarkeit in der zur Verfügung stehenden Zeit ab. Letztendlich ist es sinnvoll, sich zum Umfang des geplanten Promotionsprojektes ein Feedback durch die Promotionsbetreuung einzuholen, die mehr Erfahrung damit hat, was in welcher Zeit zu leisten und was inhaltlich sinnvoll ist.

Woran erkenne ich, dass mein Thema ausreichend eingegrenzt ist?
Sie erkennen es daran, dass Sie ganz genau wissen was zu tun ist und keine Alternativen mehr möglich sind. Ihr Arbeitstitel ist maximal konkret und alle Gliederungspunkte sind klar. Sie können Ihr Thema abgrenzen und strukturieren.

Die Fallstricke der Themenfindung
Mit der Wahl des Themas ist ein Grundstein für den Erfolg der Promotion gelegt. Einige wichtige Aspekte sind bei der Eingrenzung und der Festlegung des Themas jedoch zu bedenken. Unbedingt notwendig ist beispielsweise, dass Sie ein Thema wählen, dass wissenschaftliche Relevanz besitzt. Gerade wenn Sie Ihr Thema im Rahmen eines Exposees vorstellen, sollten Sie dringend die wissenschaftliche Relevanz des Themas transportieren, denn daraus ergibt sich überhaupt erst ein Anlass zur Forschung. Dagegen sollten Sie vorsichtig sein, wenn Sie ein Thema wählen, dass Sie selbst betrifft, etwa wenn Sie über Ihre eigenen Erlebnisse oder Identitätsmerkmale oder z.B. über Ihre Berufstätigkeit forschen. Außerdem kann es schwierig werden, wenn Sie Ihr Thema nicht intrinsisch motiviert bearbeiten, sondern sich die Motivation aus einem Auftrag ergibt.

Must-have: Die wissenschaftliche Relevanz des Themas
Spaß und Interesse für ein Thema sind für eine zügige Bearbeitung der Dissertation und die Motivation sehr hilfreich. Für eine Promotion ist aber letztlich vor allem die wissenschaftliche Relevanz eines Themas wichtig, denn sie begründet letztendlich den Sinn und den wissenschaftlichen Nutzen der Dissertation. Die wissenschaftliche Relevanz sagt also aus, warum die Wissenschaft die Erforschung des konkreten Themas braucht und wie das Thema in die wissenschaftlichen Erkenntnisse der Disziplin bzw. Teildisziplin passt. Das bedeutet, dass das gewählte Thema in wissenschaftliche Diskussionen eingebettet sein sollte. Themen, die eher praxisrelevant sind, also sich aus der Praxis entwickeln, was z.B. bei Themen externer Promovierenden, die berufsbegleitend promovieren oft der Fall ist, müssen unbedingt mit wissenschaftliche Diskursen in Beziehung gesetzt werden.

In fast allen Fachdisziplinen ist (oder soll zumindest sein) eine Dissertation mehr als eine deskriptive Beschreibung, nämlich eine eigenständige Forschungsleistung, für die eben auch geforscht und neue Erkenntnisse gewonnen werden. Das bedeutet, dass Sie bei der Themenwahl über eine reine Beschreibung eines Phänomens hinausgehen müssen und z.B. auf Auswirkungen fokussieren, theoretische Bezüge einbetten und herausstellen, warum die Wissenschaft bzw. die Fachdisziplin ein Interesse an den Ergebnissen Ihrer Forschung haben sollte und wie Ihre Forschungsergebnisse neue, spätere Forschungen begründen können. Ihre Erkenntnisse sind also auch die Basis für neue Forschungen!

Vorsicht bei der biografischen Herleitung eines Themas!
Manchmal ergibt es sich, scheinbar zufällig, dass Promovierende, besonders in den sozial-, kultur- und geisteswissenschaftlichen Disziplinen, ein Promotionsthema bearbeiten, das für sie auch eine biografische Bedeutung hat. Das können beispielsweise Themen wie Religion, Tod, Krankheit, Paar- oder Elternbeziehungen, sexuelle Orientierung oder sexualisierter Missbrauch, oder andere Themen sein, in die persönliche Erlebnisse und Erfahrungen einfließen.

In seltenen Fällen passiert es sogar, dass Promotionsthemen gewählt werden, die, beabsichtigt oder unbeabsichtigt einen therapeutischen Effekt auf das eigene Leben der oder des Promovierenden haben (sollen). Das ist durchaus problematisch, denn die Auseinandersetzung mit einem sehr persönlichen (und vielleicht sogar belastenden) Thema im Rahmen einer Promotion ist weder für die Promotion noch für die eigenen Bedürfnisse immer zielführend. Denn erstens kann es möglicherweise zu Konflikten zwischen dem wissenschaftlichen und dem persönlichen Erkenntnisinteresse geben, genauso wie erlebnisbedingte unreflektierte Annahmen den neutralen Blick auf die erhobenen Daten versperren können. Und zweitens kann die emotionale Nähe zum eigenen Promotionsthema so belastend sein, dass sie zu Problemen führt (z.B. zu Schreibblockaden) oder sogar zum Abbruch der Promotion.

Die Praxis hat gezeigt, dass es durchaus zur erfolgreichen Promotion führen kann, wenn Promotionsthemen bearbeitet werden, an denen die Promovierenden emotional beteiligt sind. Allerdings ist es dann für die Promovierenden besonders wichtig, sensibel für Störungen im Promotionsprozess zu sein. Was generell für die Promotionsphase gilt, sich dringend und sofort Hilfe zu holen sobald man Schwierigkeiten im Promotionsprozess nicht mehr alleine bewältigen kann, gilt für Personen mit biografischen bzw. belastenden Themen besonders: Bleiben Sie aufmerksam, was den Ursprung Ihrer Schwierigkeiten oder Schreibblockaden angeht, und nutzen Sie professionelle Hilfe (z.B. im Rahmen eines Promotionscoachings).

Wenn Sie in Ihrer Promotion ein biografisches Thema bearbeiten, das für Sie eine besondere – und vielleicht sogar eine belastende – Bedeutung hat, bleiben Sie auch für die Störungen im Promotionsprozess, die sich aus dem Thema ergeben, aufmerksam! Und holen Sie sich professionelle Hilfe, wenn Sie das Problem nicht in einer angemessenen Zeit alleine in den Griff bekommen!

Vorsicht, wenn Sie ein Thema bearbeiten, das die Promotionsbetreuung vorgegeben hat!

In manchen Fällen werden Themen auch von ProfessorInnen vorgeschlagen. Wenn Sie aus den Natur- und Ingenieurwissenschaften kommen, ist das perfekt! Sie haben nun ein Thema und können loslegen. Für Promovierende der Sozial-, Kultur- und Geisteswissenschaften ist die Themenfindung nun noch nicht abgeschlossen. Sie fangen an, sich nach dem Vorschlag der oder des Promotionsbetreuenden in dieses Thema tiefer einzuarbeiten und selber eine Fragestellung zu entwickeln bzw. zu begründen. Hier ist die Frage, ob Sie selber gestalten dürfen oder sich an die Vorgaben halten müssen? Wenn Themen durch die Promotionsbetreuung vorgeschlagen werden, haben die BetreuerInnen meistens ein bestimmtes Interesse am Thema bzw. an einem Aspekt des Themas. Das Interesse der Betreuenden könnte sich einerseits günstig auf die Promotionsbetreuung auswirken, denn wenn sich der Vorschlag der Betreuenden mit Ihren eigenen Vorstellungen deckt, haben Sie mit einer interessierten, und sich aufgrund dessen sicherlich sehr engagierenden Promotionsbetreuung, ideale Promotionsbedingungen. Einige Promovierende finden es sogar praktisch, dass Ihnen ein Thema zugewiesen wird. Problematisch könnte es für Sie dann werden, wenn Sie das Interesse der Betreuenden nicht teilen und wenn Sie das Thema lediglich bearbeiten, weil es Ihnen angeboten wurde. Wenn sich mit der Zeit kein eigenes Erkenntnisinteresse einstellt, könnte das den Promotionsprozess deutlich verzögern, da Sie große Schwierigkeiten haben werden, sich dauerhaft und intensiv, einem aus Ihrer Sicht uninteressanten Thema, zu widmen.

Besonders wenn Ihnen ein Promotionsthema durch die Promotionsbetreuung vorgeschlagen wird, sollten Sie prüfen, ob Ihr Interesse am Thema und Ihre Motivation ausreichen, dieses Thema über den gesamten Promotionsprozess hinaus engagiert zu bearbeiten.

10 Der inhaltliche Aufbau eines Exposees

Ein Exposee ist keine verbindlich festgelegte und genormte Textsorte, d.h., ein Promotionsexposee hat in der Regel keine vorgeschriebenen Inhalte und keine vorgegebene Struktur. Zumeist werden die Inhalte eines Exposees von „AuftraggeberInnen" vorgegeben bzw. mit ihnen vereinbart. Generell gilt, dass vor jedem Exposee zu recherchieren ist, ob bzw. welche Vorgaben es für die Inhalte und deren Gliederung gibt (vgl. dazu auch Kapitel 8 „Grundlegendes zum Exposee" ab S. 77). Wenn eine Gliederung eines Exposees vorgegeben ist, müssen Sie diese unbedingt einhalten.

> Ein Exposee transportiert explizite und implizite Inhalte. Explizit sind die Inhalte, die ausdrücklich gefordert werden, wie die Fragestellung, der Stand der Forschung oder die theoretische Begründung des Promotionsvorhabens. Implizit, also nicht ausdrücklich erwähnt, ist die wissenschaftliche Relevanz. Genauso wird es zumeist stillschweigend vorausgesetzt, dass Sie deutlich herausarbeiten müssen, dass Ihre Forschung in der zur Verfügung stehenden Zeit mit den gebotenen Mitteln durchzuführen ist. Implizit soll also transportiert werden, dass Sie die richtige und eine kompetente Person für dieses für die Wissenschaft wichtige Projekt sind und dass Sie die Voraussetzungen mitbringen, dieses Projekt zu bewältigen.

Davon ausgehend, dass ein Exposee quasi als „Projektantrag" verfasst wird und somit das Ziel verfolgt wird, die LeserInnen von dem geplanten Vorhaben sowie von der Relevanz des Themas und des Antrags zu überzeugen, bietet es sich an, das Exposee in folgende Inhaltsbereiche zu gliedern:

1. Einleitung
2. Stand der Forschung
3. Fragestellung/Forschungsinteresse
4. zugrunde liegende theoretische Überlegungen
5. zugrunde liegende Hypothesen
6. methodisches Vorgehen
7. Arbeits- und Zeitplan
8. Gliederung
9. Literaturverzeichnis

Die Inhalte müssen nicht unbedingt in der hier vorgeschlagenen Reihenfolge in einem Exposee aufeinanderfolgen. Beispielsweise könnte der Abschnitt

„Theoretische Vorüberlegungen" auch direkt nach dem Forschungsstand stehen.

Funktion der Inhalte eines Exposees auf einen Blick

Auf diese Punkte werde ich im Folgenden jeweils ausführlich eingehen. Einen groben Überblick liefert allerdings schon Tabelle 2.

10.1 Die Einleitung des Exposees

Eine Einleitung bzw. eine kurze Zusammenfassung am Anfang des Exposees ist als eine kurze Hinführung zum Thema ein Türöffner für die Gunst des Lesers bzw. der Leserin. An dieser Stelle ist außerdem sinnvoll, die Relevanz des Themas bzw. die Notwendigkeit der geplanten Forschung zu erwähnen.

Ob eine Einleitung z.B. als kurze Zusammenfassung der Inhalte des Exposees vorgesehen ist, lässt sich in den formalen Vorgaben recherchieren. Meistens ist das nicht der Fall, dennoch kann es Sinn machen, vorab zusammenfassend zwei bis drei Sätze über die Konzeption der geplanten Dissertation voranzustellen. Das erleichtert den LeserInnen das Verständnis für das Exposee und lässt sie das geplante Promotionsprojekt schneller nachvollziehen.

Die Einleitung eines Exposees ist nicht mit der Einleitung einer wissenschaftlichen Arbeit zu verwechseln. Im Gegensatz zur Einleitung in Ihrer späteren Dissertation, die viel umfassender das Thema und dessen Herleitung und wissenschaftliche Relevanz sowie das Ziel, das Vorgehen und den Aufbau der Dissertation beschreibt, müssen Sie hier nur eine kurze Hinführung zum Thema leisten.

> Formulieren Sie zur Orientierung der LeserInnen aus den Ergebnissen Ihrer Themeneingrenzung eine kurze Einleitung, die der Hinführung zu Ihrem Thema dient.

Hier finden Sie einige Formulierungsvorschläge, auf die Sie beim Schreiben der Einleitung zurückkommen können:

- Die geplante Dissertation bezieht sich auf …
- Das hier vorliegende Exposee thematisiert … unter Einbeziehung der Theorien … und Berücksichtigung von … methodisch unterstützt durch …
- Bei dem hier geplanten Promotionsprojekt wird der Frage nachgegangen, ob bzw. wie …
- Ziel der geplanten Dissertation ist, …

Tabelle 2: Die Gliederung eines Exposees

Exposee-Inhalt	Funktion im Exposee
Einleitung	Die Einleitung dient dazu, die LeserInnen auf den Text einzustimmen und sie darüber zu informieren, worum es in der geplanten Forschung geht. Es ist sinnvoll, an dieser Stelle zwei bis drei Sätze zur Verortung des Themas in der Wissenschaft, zur Ausgangslage sowie zur Methode zu schreiben.
Stand der Forschung	Mit der Systematisierung des Forschungsstandes zeigen Sie, dass Sie die wesentlichen Forschungsergebnisse kennen und sie in den aktuellen Forschungskontext einordnen können. Der Stand der Forschung ist bedeutsam für Ihre eigene Fragestellung, denn er führt zu ihr hin und begründet sie.
Fragestellung/ Forschungsfrage	Mit der Fragestellung machen Sie auf eine Lücke in der Forschung aufmerksam und stellen dar, wie wichtig es ist, diese Lücke zu schließen. Möglicherweise hat es bereits eine ähnliche Forschung gegeben, aber es hat sich eine oder es haben sich mehrere Einflussfaktoren geändert (Rahmenbedingungen, Messinstrumente, Methoden).
Theoretische Vorüberlegungen	Mit den theoretischen Vorüberlegungen wird die wissenschaftliche Relevanz Ihrer Forschung sowie ihre Einbettung in den Forschungskontext verdeutlicht. In welchen theoretischen Feldern die Arbeit verortet wird (und in welchen nicht), wird hier begründet.
Hypothesen	Je nach dem methodischen Vorgehen werden Sie Forschungshypothesen formulieren. Sie verdeutlichen Ihre Vorannahmen und verdeutlichen die Richtung des Forschungsprojektes.
Methode	Welche Methoden sich für die Erhebung Ihrer Daten und für deren Auswertung und Interpretation eignen, wird im Methodenteil beantwortet. Hier sollte deutlich werden, warum Sie sich für die von Ihnen gewählte Methode(n) entschieden haben. Mit der Wahl der Methode(n) sollte auch dargestellt werden, dass diese Arbeit technisch machbar und in der angestrebten Zeit durchzuführen ist.
Arbeits- und Zeitplan	Der Arbeits- und Zeitplan verdeutlicht, dass Ihr Promotionsprojekt von Ihnen im Rahmen der zur Verfügung stehenden Zeit bearbeitet werden kann.
Gliederung	Die Gliederung zeigt als Bestandteil des Exposees, dass sich die Verfasserin bzw. der Verfasser bereits wohlüberlegte Gedanken zur Struktur der fertigen Arbeit gemacht hat.
Literaturverzeichnis	Das Literaturverzeichnis gibt einen Überblick über die verwendete Literatur und zeigt auch, in welche Richtung das Promotionsprojekt gehen wird.

- Berücksichtigt werden … Theorien…
- Theoretisch eingebettet ist die Forschungsfrage in … Theorien …
- Methodisch geleitet wird die Arbeit durch …
- In der geplanten Dissertation gehe ich der Frage nach, welche/ inwieweit/ob/ …

10.2 Der Stand der Forschung

Die sorgfältige Darlegung des aktuellen Forschungsstands ist ein Muss für jedes Exposee. Hier geht es darum, die wesentlichen Studien und Forschungsprojekte – und dabei vor allem deren Ergebnisse! – darzustellen. Bei der Formulierung des Forschungsstands sollten vielfältige Zugänge zum Thema berücksichtigt und dabei ein breites Spektrum aktueller Forschungsergebnisse abgedeckt werden.

Warum ist es so wichtig, den Forschungsstand explizit darzulegen?

Mit dem Stand der Forschung lässt sich beurteilen und vergleichen, ob:

- Forschende sich wissenschaftlich und disziplinär verorten und das eigene Thema in eine wissenschaftliche Diskussion einordnen können
- das Thema wissenschaftlich relevant und erforderlich ist
- Forschende einen passenden Zugang zum Thema haben
- Forschende in der Lage sind, wissenschaftliche Sachverhalte zu erfassen, zu analysieren und adäquat darzustellen
- Forschende unterschiedliche Forschungsrichtungen berücksichtigen können,
- Forschende in der Lage sind, Forschungsbefunde wissenschaftlich zu vergleichen
- Forschende auf der Grundlage von Erkenntnissen neue Forschungsfragen und die darauf aufbauenden Studien kreieren können
- Forschende eine wissenschaftlich relevante und von der Menge her angemessene Auswahl des Forschungskontextes treffen können (z.B. wie viele Interviews, welche Inhalte, Anzahl der in Archiven gesichteten Medien)
- die Beantwortung der an den Forschungsstand anschließenden Fragestellung einen wissenschaftlichen Nutzen bringt

Wie sollte ich bei der Systematisierung des Forschungsstands vorgehen?

Nachdem sich im Rahmen der Themenfindung und Themeneingrenzung immer weiter herauskristallisiert hat, in welche Richtung Ihr wissenschaftliches Erkenntnisinteresse geht und wie Ihr Thema konkret lautet, muss für das Exposee analysiert und dargelegt werden, auf welchen Erkenntnissen bereits vorhandener Studien Ihre Forschungsarbeit aufbaut.

Zunächst ist es aber wichtig, dass Sie sich in einem Forschungsfeld verorten. Sie sollten also überlegen, in welcher Disziplin/in welcher konkreten Teildisziplin und in welchem speziellen Fachgebiet dieser Teildisziplin Sie promovieren werden.

Folgende Beispiele sollen Ihnen ein paar Ideen liefern, wie eine solche Verortung aussehen kann:

- Sozialwissenschaften – Soziologie – Arbeitssoziologie – Technisierung von Arbeit
- Geisteswissenschaften – Geschichte – Wissenschaftsgeschichte – Geschichte der Naturwissenschaften – am Beispiel einer Naturwissenschaft
- Ingenieurwissenschaften – Informatik – Praktische Informatik – Softwaretechnik

> Verorten Sie Ihre Dissertation in einem disziplinären oder interdisziplinären wissenschaftlichen Feld. Erst dann können Sie entscheiden, welche Basis Sie für Ihren Stand der Forschung heranziehen.

Drei wichtige Arbeitsschritte bei der Erarbeitung des Forschungsstandes

Um den Stand der Forschung zu erarbeiten, sollten Sie folgende drei Arbeitsschritte leisten:

1. Recherche: vom Allgemeinen zum Speziellen
2. Zahlen, Daten und Fakten zusammenfassen/Standpunkte und Positionen darstellen
3. Systematisierung des vorhandenen Materials

Arbeitsschritt 1: Die Recherche: vom Allgemeinen zum Speziellen

Um den Forschungsstand aufzuarbeiten, sind zuerst einmal gründliche Recherchen notwendig. Möglicherweise haben Sie bereits während der Themenfindung und der Eingrenzung des Themas einige Materialien gefunden. Um den Forschungsstand zu erarbeiten sind nun aber weitere Recherchen, insbesondere in den verorteten Fachdisziplinen, notwendig.

Ein Forschungsstand lässt sich sehr gut mithilfe eines Literaturverwaltungsprogramms (siehe S. 152) erheben und nachhaltig sichern. Bedenken Sie, dass Sie im Verlauf Ihrer Promotion immer wieder auf die Ergebnisse des Forschungsstands zurückgreifen und diesen ggf. im Forschungsverlauf modifizieren werden. Darum ist es sinnvoll, die Materialien so zu archivieren, dass sie auch in zwei bis drei Jahren problemlos wiedergefunden bzw. wieder ausgeliehen werden können und sich die für Sie interessanten Textstellen schnell wiederfinden lassen.

Externe Promovierende sollten sich spätestens jetzt, möglichst aber schon in der Phase der Themenfindung, einen Zugang zu einer Universitätsbibliothek besorgen, um umfassend recherchieren zu können.

Benutzen Sie für Ihre Recherche Monografien und Sammelbände, Fachdatenbanken, Fachzeitschriften und die Webseiten der Fachgesellschaften sowie Webseiten von wissenschaftlichen Tagungen, die ggf. auch die Vorträge der ReferentInnen enthalten. Wenn Sie ExpertInnen in Ihrem Forschungsfeld gefunden haben, recherchieren Sie weitere Veröffentlichungen dieser ExpertInnen, z.B. in der Bibliothek, aber auch auf deren Webseiten. Besuchen Sie, wenn möglich, zudem Vorträge und Tagungen, auf denen diese Personen möglicherweise ganz aktuelle und evtl. auch noch nicht publizierte Ergebnisse vorstellen.

Die Themenfindung ist in manchen Fachdisziplinen, vor allem aber in den Geistes-, Kultur- und Sozialwissenschaften, mit der Erarbeitung des Forschungsstands immer noch nicht abgeschlossen. In der Praxis kommt es manchmal vor, dass sich in der Phase der Erarbeitung des Forschungsstands herausstellt, dass das Thema nicht wie geplant bearbeitbar ist oder sogar schon bearbeitet wurde. Das ist kein Grund aufzugeben! Gehen Sie nochmal einen Schritt zurück und finden Ihr Thema neu.

Arbeitsschritt 2: Zahlen, Daten und Fakten zusammenfassen sowie Standpunkte und Positionen darstellen

Arbeiten Sie nun aus den Ihnen zur Verfügung stehenden Studien die (wahrscheinlich) für Ihr Forschungsanliegen relevanten Ergebnisse heraus. Fassen Sie dabei Standpunkte und Positionen zusammen und weisen Sie auf Unklarheiten und Widersprüche hin. Von besonderem Interesse für die Forschung ist ja das, was noch nicht erforscht wurde!

> Nehmen Sie die Themeneingrenzung, die Sie erarbeitet haben, als Überschrift. Suchen Sie nun für jeden Aspekt Ihres Forschungsanliegens heraus, welche Daten Sie benötigen. Legen Sie Listen und Tabellen für jeden Aspekt an und fassen Sie die Hauptaussagen aus der Literatur zusammen.

Sammeln Sie bei der Durchsicht der verschiedenen Forschungen Definitionen und entscheiden Sie, welche Definitionen für Ihre Arbeit nützlich sind. Entwickeln Sie Fragen an das vorhandene Material und lassen Sie sich von den Fragen inspirieren, ggf. neue Fragen zu stellen.

Arbeitsschritt 3: Die Systematisierung des vorhandenen Materials

Ein Forschungsstand wird in einem Exposee nicht nur dargestellt, sondern gründlich systematisiert. Diese Systematisierung ist notwendig, um die Forschungslücke zu finden, die spätere Forschungsfrage zu abzuleiten und die wissenschaftliche Relevanz des Promotionsvorhabens zu begründen. Mit „Systematisieren" ist dabei gemeint, den Forschungsstand so darzustellen und aufzubereiten, dass er strukturiert auf eine noch nicht bearbeitete Fragestellung, also auf einen Bedarf an neuer Forschung, nämlich Ihrer eigenen Forschung, hinweist.

Die auf der nächsten Seite aufgeführte Liste soll Ihnen bei der Systematisierung helfen. Sie enthält wichtige Punkte, die Sie bei jeder Studie festhalten könnten. Sie sollten aber ggf. eine eigene Liste entwickeln, die genau Ihr Forschungsanliegen berücksichtigt.

> Entwickeln Sie für Ihre Zwecke ein eigenes System, wie Sie den Forschungsstand erarbeiten können, z.B. einen eigenen Kriterienkatalog. Sortieren Sie die Informationen des Forschungsfeldes zunächst nach inhaltlichen Kriterien. Dabei können eine Tabelle oder ein Literaturverwaltungsprogramm helfen. Ordnen Sie erst dann die vorhandenen Studien ein. Bleiben Sie dabei immer offen für neue Kategorien.

Zunächst sortieren Sie also den Forschungsstand in einem sinnvollen System. Das könnte beispielsweise eine tabellarische, chronologische Einteilung sein. Unter Umständen erweist sich im weiteren Verlauf der Systematisierung des Forschungsstands die chronologische Differenzierung jedoch als nicht zieldienlich, weil sie sich nicht weiter, also hin zur Forschungslücke, führen lässt. Möglicherweise erweisen sich Strukturierungen nach Theorien oder theoretischen Modellen, nach Forschungsanlässen oder Problemstellungen,

Tabelle 3: Vorschlag zu einer ersten Systematisierung des Forschungsstands

Was wurde erforscht?	
Wer hat aus welchem Anlass geforscht?	
Welche Diskurse werden in der Disziplin geführt?	
Welche Untersuchungsgruppen wurden beforscht?	
Forschungszeitraum/Datum:	
Fragestellung/Ziel der Studie:	
Die wichtigsten Hypothesen der Studie:	
Einbezogene Theorien:	
Zentrale Ergebnisse:	
Welchen Einfluss hatten die Ergebnisse auf die einbezogenen Theorien??	
Welche Forschungsmethoden wurden verwendet?	
Welche Hinweise geben die AutorInnen auf erforderliche weitere Studien (z.B. im Ausblick)?	
Inwiefern passen die Befunde zu anderen Studien oder widerlegen diese?	
Eigene kritische Anmerkungen:	
Was trägt diese Studie zu meiner geplanten Dissertation bei?	

Die Tabelle ist online abrufbar:
http://coachingzonen-wissenschaft.de/downloads

Forschungsmethoden oder Forschungsergebnissen für Ihre Zwecke der Literaturauswertung als zieldienlicher. Einen guten Überblick über die Systematisierungen von Forschungsständen geben Dissertationen oder Habilitationen. Später entwickeln Sie aus den gewonnenen Ideen eine Systematisierung. Sie könnten z.B. die einzelnen Tabellen (s. Tabelle 3) nebeneinander legen oder aufhängen und beginnen, Systematisierungskriterien wie Erhebungsdaten Jahreszahlen, Bezugsgruppen, Methoden, Theorien etc. zu vergleichen und eine für Ihre Zwecke sinnvolle Einteilung vornehmen.

> Behalten Sie auch bei der Systematisierung des Forschungsstandes immer Ihr Ziel im Blick. Warum ist gerade jene Studie für Ihren Forschungsstand wichtig? Wie beeinflussen die bereits gewonnenen Ergebnisse Ihre Forschungsfrage?

Praktisch für diese Art der Systematisierung sind Stifte in verschiedenen Farben, mit denen Sie einzelne Kriterien markieren und schnell einen Überblick bekommen.

Um den Forschungsstand zu systematisieren können Sie auch ein Mindmapping-Tool verwenden (siehe ab S. 154).

Eine andere Arbeitsweise wäre, die Kriterien in einer Datenbank, Excel-Tabelle oder in einem Literaturverwaltungsprogramm (siehe ab S. 152) zu sortieren. Das Literaturverwaltungsprogramm böte sich schon deswegen an, weil Sie Ihre Ergebnisse gleich mit den Literaturquellen vernetzen könnten.

> Wenn Sie einen guten Überblick über die Forschungslandschaft haben, probieren Sie aus, wie sich Ihr Thema sinnvoll auf eine entstandene Forschungsfrage beziehen lässt. Lassen Sie sich nicht verunsichern, wenn sich nicht sofort eine Systematisierung ergibt. Neue Erkenntnisse die Sie aus der Literatur gewinnen, können Ihre Überlegungen zur Systematisierung beeinflussen und machen es u.U. notwendig, zwischendurch ein anderes System zu entwickeln oder auszuprobieren, welche Systematisierung für Ihre Arbeit sinnvoll ist.

FAQs zum Forschungsstand

Wie lange dauert eine Recherche und woran merke ich, dass ich aufhören kann zu recherchieren?

Wichtig ist es, den langwierigen Rechercheprozess zielgerichtet und unter Berücksichtigung konkreter Fragen an den Suchprozess zu gestalten. Sie sollten sich vor der Recherche fragen, was Sie eigentlich genau wissen möchten. Denn dann können Sie relativ grob die Forschungslandschaft

„scannen“ und sich immer tiefer auf Ihre Fragen konzentrieren. Normalerweise ergeben sich im Rechercheprozess weitere Fragen, die sie auf Ihre Liste schreiben und mittels der recherchierten Literatur zu beantworten versuchen können. Also: Bei der Recherche zielgerichtet auf das, was Sie erfahren wollen bleiben! Dazu suchen Sie erst allgemein und schauen dann immer spezieller auf das, was zu Ihrem Forschungsanliegen passt. Dann gilt es, die Recherche zu einem bestimmten Zeitpunkt einzustellen, damit Sie Ihr Exposee auch beenden können. Sie können Ihre Recherchen später, während der Arbeit an der Dissertation, fortsetzen.

Für die Dissertation gilt dann: Im Prinzip recherchieren Sie die gesamte Zeit hindurch, in der Sie an der Dissertation arbeiten. Allerdings müssen Sie irgendwann, spätestens nach ca. zwei Dritteln der Zeit beschließen, keine neuen Erkenntnisse aus der Recherche mehr in Ihre Arbeit mit einfließen zu lassen, denn sonst werden Sie nicht fertig. Abgeschlossen sein sollte die Recherche dann aber ohne Ausnahme in der Phase der Endüberarbeitung Ihrer fast fertig geschriebenen Arbeit, in der es nur noch gilt, die Sprache zu glätten, Übergange zwischen den Kapiteln zu schreiben Fehler zu beheben und zu formatieren.

Wie lange dauert es, den Stand der Forschung zu erarbeiten?
Die Dauer der Systematisierung des Forschungsstands richtet sich danach, wie gut Sie das Forschungsfeld bereits kennen. Meistens gestaltet sich die Erarbeitung des Forschungsstands eher zeitintensiv, vor allem weil Sie herausfinden müssen, welche Art der Systematisierung für Sie hilfreich ist. Und auch das Ausleihen, Besorgen oder Kopieren der Literatur und das Lesen nimmt einige Zeit in Anspruch.

Einziger Trost für die zeitliche Investition in die Systematisierung des Forschungsstands ist, dass diese Zeit eine sehr wichtige Vorleistung für die Dissertation ist. Denn wenn diese Arbeit einmal getan ist, verfügen Sie nicht nur über ein komplexes Wissen, sondern die fundierten Kenntnisse des Forschungsstands machen auch die Forschung und den Schreibprozess leichter.

Kann ich auch mit der „Ausgangssituation/Problemstellung“ ein Exposee beginnen?
Die Gliederungspunkte „Ausgangssituation“ und „Problemstellung“ werden meistens eher im Rahmen von Projektanträgen verwendet, können aber auch in einem Dissertationsexposee vorkommen. Ob Sie diese Punkte in Ihrem Exposee anführen ist vom Thema und der Fachdisziplin abhängig und sollte ggf. mit den AdressatInnen des Exposees abgesprochen werden. Denkbar ist die Platzierung dieser beiden inhaltlichen Bereiche direkt zu Beginn des Exposees, sodass sie quasi als Einleitung fungieren.

Kann ich den Stand der Forschung, den ich für meine Studienabschlussarbeit recherchiert hatte, für das Exposee benutzen?
Im Prinzip: Ja! Natürlich verlieren Ihre Kenntnisse über den Stand der Forschung nicht ihre Gültigkeit, nur weil Sie sie schon einmal in einer Arbeit formuliert hatten. Vier wichtige Funktionen sollten Sie jedoch überprüfen:

1. Ist der Stand der Forschung in Ihrer Abschlussarbeit noch aktuell oder sind neue Forschungsergebnisse dazugekommen, z.B. auch durch Ihre eigene Leistung in der Abschlussarbeit?
2. Ist der Stand der Forschung Ihrer Abschlussarbeit für eine Dissertation umfassend genug? Haben Sie z.B. auch Dissertationen und Habilitationen berücksichtigt? Haben Sie Zeitschriftenaufsätze der Fachgesellschaften berücksichtigt, haben Sie ggf. auch internationale Forschungsergebnisse angeführt?
3. Passt der Forschungsstand der Abschlussarbeit thematisch 100%ig zum neuen Forschungsprojekt? Führt er wirklich zur Fragestellung Ihrer Dissertation? Oder muss er ergänzt werden?
4. Dient die Systematisierung des Forschungsstands Ihrer Abschlussarbeit den Zielen Ihrer Dissertation? Oder sollte sie ergänzt bzw. verändert werden?

Kann ich das, was ich zum Stand der Forschung in meinem Exposee formuliere, später in meine Dissertation kopieren?
Zunächst spricht erst mal nichts dagegen, den im Exposee formulierten Forschungsstand auch als Grundlage für die Dissertation zu nutzen, sofern die Promotionsordnung dies nicht ausschließt und ggf. die Regeln guter wissenschaftlicher Praxis des Zitierens berücksichtigt sind (Thema: Selbstplagiat). In der Praxis ist es jedoch häufiger so, dass sich der Stand der Forschung im Laufe der langen Zeit, die eine Promotion i.d.R. dauert, weiterentwickelt und sich möglicherweise auch verändert, oder dass sich Ihre Dissertation thematisch anders entwickelt als zunächst gedacht. Dann ist es erforderlich, den Stand der Forschung zu aktualisieren. Der Stand der Forschung ist dann angemessen, wenn er sich thematisch und inhaltlich auf die Inhalte der fertigen Dissertation bezieht.

10.3 Die Fragestellung

Eine gute und klar formulierte Fragestellung erleichtert den LeserInnen Ihrer Arbeit, zu verstehen, was Sie genau in Ihrer Arbeit machen und warum das was sie erforschen eine wissenschaftliche Relevanz besitzt. Die Fragestellung ist insofern Grundlage und Grundgedanke der Dissertation, denn sie zieht sich als sogenannter roter Faden durch alle Teile Ihrer Arbeit.

Was die Reihenfolge in Ihrem Exposee angeht, so sollten Sie die Fragestellung nach der Darlegung des systematisierten Forschungsstands und vor der Beschreibung der Forschungsmethode formulieren. Dies macht Sinn, denn die Fragestellung leitet sich aus dem Forschungsstand ab. Der Forschungsstand ist Basis der Fragestellung weil er auf einen weiteren Forschungsbedarf auf der Basis bisheriger Forschungen auf eine Forschungslücke, hinweist.

Am Ende der Darlegung des aktuellen Forschungsstandes werden die bisherigen Forschungen kritisch betrachtet und davon ausgehend ein Anlass zur weiteren Forschung (nämlich Ihrer eigenen!) formuliert. Der neue Forschungsanlass kann beispielsweise damit begründet werden, dass die seitens der ForscherInnen gewählten Methoden oder Theorien nicht alle wissenschaftlich relevanten Fragen hinreichend geklärt haben, dass Sie diese für einen bestimmten Bereich nicht gültig sind, oder dass Sie eine andere Sichtweise auf die Interpretationen der Ergebnisse haben. Wichtig ist dabei, dass Sie Kritik an bestehender Forschung sachlich, konkret in angemessener Sprache formulieren (siehe dazu das Kapitel 12.4 „Schreibratgeber für die Promotion“ ab S. 156 dort besonders Graff/Birkenstein 2010)

Sie sollte aber auf jeden Fall die Forschungslücke aufzeigen, der Sie sich mit Ihrem eigenen Forschungsvorhaben widmen wollen. Dieses eigene Forschungsvorhaben sollten Sie dann mittels ganz sauber formulierter Forschungsfragen ausarbeiten.

Mithilfe der Fragestellung werden beispielsweise Phänomene untersucht oder Auswirkungen analysiert. Die Fragestellung in einer Dissertation geht über die Beschreibung von Phänomenen hinaus, sie fragt nach neuen, nie vorher dagewesenen, Erklärungen und Erkenntnissen. Es können dabei Theorien oder Modelle erklärt und weiterentwickelt werden. Die Fragestellung der geplanten Dissertation muss dabei zusätzlich so bemessen sein, dass die Beantwortung im Rahmen der veranschlagten Promotionszeit und unter Ihren Promotionsbedingungen Bedingungen leistbar ist.

Wie entwickelt man eine forschungsleitende Fragestellung?

Die Entwicklung einer wissenschaftlich relevanten Forschungsfrage ist meist ein Prozess, der in der Planungsphase erfolgt und der nicht linear, also von Schritt zu Schritt, stattfindet, sondern in dauernden Schleifen zwischen Lesen, Systematisieren und Fragen. Das gilt eher für jene Fachdisziplinen, die vorsehen, dass Promovierende das Promotionsthema selbst entwickeln, also für Geistes-, Kultur und SozialwissenschaftlerInnen und weniger für Ingenieur- und NaturwissenschaftlerInnen.

Wenn Sie eine Fragestellung finden möchten, sollten Sie folgende Punkte abarbeiten:

- Durchsuchen Sie den Stand der Forschung nach Forschungslücken
- Schreiben sie während Ihrer Recherchen und Ihrer Systematisierung des Forschungsstands kontinuierlich Ihre Hypothesen auf
- Begründen Sie Ihre Fragen wissenschaftlich
- Versuchen Sie, stetig Antworten auf Ihre Fragen zu finden, indem Sie weiter recherchieren und lesen
- Diskutieren Sie schriftlich den Sinn und die Relevanz Ihrer forschungsleitenden Fragen sowie diverse Antwortmöglichkeiten auf diese Forschungsfragen in deren wissenschaftlichen Kontext
- Machen Sie sich klar, was neu an Ihren Fragen ist und was somit eine Bereicherung für die Wissenschaft darstellt
- Tauschen Sie sich mit anderen Promovierenden aus
- Sprechen Sie mit Ihrer Promotionsbetreuung und holen Sie sich vor allem zur wissenschaftlichen Relevanz und zur Machbarkeit Ihres Forschungsanliegens Feedback

> Schreiben Sie für Ihr Forschungsthema interessante Fragen von Anfang an auf und versuchen Sie, in der Literatur Antworten zu finden. Geben Sie dabei nicht zu schnell auf! Lesen Sie weiter! Entwickeln Sie Ihre Fragen immer auf der Basis der wissenschaftlichen Erkenntnisse. Das kann bedeuten, Ihre Fragen (immer wieder) dem aktuellen Forschungsstand anzupassen.

Ich habe für Sie eine Tabelle entwickelt (s. Tabelle 4), die Ihnen dabei helfen soll, sich Ihrer Fragestellung anzunähern. Füllen Sie die Tabelle mehrmals aus. Sie können die Tabelle beispielsweise immer dann anwenden, wenn Sie neue Bücher/Artikel gelesen und dadurch neue Erkenntnisse gewonnen haben, die Sie in Ihre Überlegungen einfließen lassen möchten.

Diese Tabelle bietet Ihnen die Möglichkeit, Ihre Fragestellung selbstständig zu hinterfragen. Diese Reflexion ist sehr wichtig, denn nur so können Sie etwaige Ungenauigkeiten in der Formulierung erkennen und auf dieser Basis Ihre Fragestellung konkretisieren.

Wenn Sie an Ihrer Forschungsfrage arbeiten, dann sollten Sie darauf achten, dass die Fragestellung folgenden Anforderungen genügt:

- Die Fragestellung muss sich auf konkretisierte wissenschaftliche Kontexte beziehen. Dazu ist es sinnvoll, sich in einem Forschungsfeld verortet zu haben.
- Die Fragestellung muss begründet sein, sich also aus vorhandenen Studien ergeben.
- Eine Fragestellung geht über die Beschreibung eines Phänomens hinaus. Sie soll neue wissenschaftliche Erkenntnisse ermöglichen.
- Sie Fragestellung muss eindeutig, klar und präzise formuliert sein.

Tabelle 4: Tabelle zur Entwicklung der Fragestellung

Ich möchte neue Erkenntnisse darüber gewinnen, ob / was / welche / wie / warum / wer / wann / wo / wofür ...	
Ich bearbeite das Thema, weil ...	
Ich möchte verstehen, ob/ was/ welche / wie / warum / wer / wann / wo / wofür ...	
Der bisherige Forschungsstand konnte noch nicht erklären, ob / dass / was / welche / wie/ warum / wer / wann / wo / wofür ...	
Meine Forschungsergebnisse sollen beweisen, belegen, zeigen, hinführen, erweitern ...	
Ich möchte erklären, ob/ dass / was / welche / wie / warum / wer / wann / wo / wofür ...	
Ich möchte der Frage nachgehen, weil ...	
Die Beantwortung der Frage interessiert folgende AkteurInnen ...	
Um die Frage zu beantworten müsste ich ...	

Die Tabelle ist online abrufbar:
http://coachingzonen-wissenschaft.de/downloads

- Die Fragestellung muss so formuliert werden, dass sich ihre Beantwortung durch Ihr geplantes Forschungsprojekt ergibt.
- Die Fragestellung muss mit der wissenschaftlichen Betreuung abgesprochen werden.

FAQ zur Fragestellung

Darf sich meine Fragestellung im Laufe der Promotion noch verändern?
Im Verlauf des späteren Promotionsprozesses kann es vorkommen, dass die Forschungsfrage modifiziert wird, etwa wenn sich der Stand der Forschung verändert oder wenn es erforderlich wird, die Forschungsfrage an sich aus dem Forschungsprozess ergebenden Veränderungen anzupassen. Größere Veränderungen sollten Sie dann aber mit der Promotionsbetreuung absprechen und ggf. dem Promotionsausschuss mitteilen, das gilt besonders dann, wenn die Veränderungen dazu führen, dass Sie in ihrer Promotion eine ganz andere Frage beantworten als im Exposee vorgesehen.

10.4 Theoretische Vorüberlegungen

Ob ein Exposee theoretische Vorüberlegungen bzw. einen Theorieteil enthalten soll, hängt vom jeweiligen Schreibauftrag ab. Generell sind Theorien dann zwingend Bestandteile eines Exposees, wenn die AuftraggeberInnen, also PromotionsbetreuerInnen, Promotionsausschüsse oder Begabtenförderwerke und Stiftungen, dies verlangen.

Theorien erklären im Allgemeinen Ereignisse und Phänomene und ordnen diese in Diskurse ein. Theorien werden in einem Exposee üblicherweise zur Begründung der Ausgangslage der Forschungsarbeit und zur Einordnung der Forschungsergebnisse am Ende der Dissertation hinzugezogen. Bestehende Theorien können auch durch die Ergebnisse der Forschungsarbeit modifiziert werden.

Das Kapitel „Theorie" bzw. „theoretische Vorüberlegungen" hat in einem Exposee den Zweck, den erwarteten Beitrag zur Forschung, den die Dissertation liefern wird, theoretisch zu begründen und einzuordnen. Eine weitere Funktion dieses Teils ist es, nach der systematischen Auswertung vorhandener Studien aufzuzeigen, auf welchen Definitionen, welchen Grundannahmen und welchem Verständnis des Forschungsgegenstandes die geplante Forschung basiert. Der Theorieteil im Exposee gibt ebenfalls Auskunft über die theoretische Ausrichtung des Erkenntnisinteresses.

FAQ zu den theoretischen Vorüberlegungen

Ich bin mir unsicher, an welche Stelle das Kapitel „Theoretische Vorüberlegungen" in meinem Exposee gehört. Wo kommt es denn hin?
Das Kapitel „Theoretische Vorüberlegungen" schließt sich üblicherweise an das Kapitel „Stand der Forschung" an. Die theoretischen Vorüberlegungen begründen im Idealfall die Fragestellung und geben Auskunft darüber, welche theoretische Bestätigung, Widerlegung oder Erweiterung durch die geplante Forschung zu erwarten sind. In Einzelfällen kann das Kapitel „Theoretische Vorüberlegungen" auch Bestandteil des Forschungsstands sein oder aber erst im Nachhinein die Fragestellung begründen.

Generell sollten Sie bei der Wahl des Ortes für den Theorieteil die Argumentationslogik des Exposees berücksichtigen. Eine Ausnahme hierfür besteht jedoch dann, wenn die Auftraggebenden vorgegeben haben, an welcher Stelle des Exposees die theoretischen Vorüberlegungen ausgeführt werden sollen.

10.5 Hypothesen

Hypothesen formulieren Annahmen über Zusammenhängezwischen einzelnen Faktoren und können in der Dissertation durch Beobachtung und Messung bewiesen oder widerlegt werden.

Ob Forschungshypothesen (z.B. in Form von Vorannahmen) im Exposee vorkommen müssen, hängt von der Fachdisziplin, der Art der Forschung und von den Vorgaben der AuftraggeberInnen des Exposees ab.

Um für das Exposee Hypothesen zu bilden, werden diese unter Berücksichtigung des Erkenntnisinteresses aus vorhandenen Theorien abgeleitet. Nachvollziehbare Forschungshypothesen lassen sich ebenso wie theoretische Vorüberlegungen aus dem Forschungsstand an die Fragestellung anschließen. Die Formulierung von Forschungshypothesen bietet sich besonders dann an, wenn messbare Daten erhoben werden oder Sie Vorannahmen formulieren, die dann im Promotionsverlauf überprüft werden.

FAQs zu den Hypothesen

In welchen Fachdisziplinen werden üblicherweise Hypothesen verlangt?
Hypothesen werden oft dort verwendet, wo quantitative, also zählbare, Daten erhoben werden. Man könnte diesbezüglich z.B. die Hypothese formulieren, dass HistorikerInnen im Durchschnitt weniger oft mit Hypothesen arbeiten als PsychologInnen. Diese Hypothese ließe sich nun empirisch widerlegen

oder bestätigen, z.B. indem systematisch gezählt würde, wie viele Hypothesen die Forschungsarbeiten der jeweiligen Forschendengruppen bspw. in den letzten 20 Jahren enthalten haben.

Muss mein Exposee auf jeden Fall Hypothesen enthalten?
Nein! Sinn machen Hypothesen nur dort, wo sie sich aus Theorien herleiten lassen oder wo abhängige und unabhängige Variablen verwendet werden, die sich mit Wenn/dann- oder Je/desto-Verknüpfungen darstellen lassen. Allerdings gibt es eine Ausnahme: siehe nächste Frage!

Ich möchte mich auf ein Stipendium bewerben. Die Stiftung verlangt den Gliederungspunkt „Hypothesen" im Exposee. Ich arbeite methodisch allerdings hypothesengenerierend, d.h., zu meiner Methode gehört es, dass ich keine Vorannahmen bzw. Hypothesen habe. Was soll ich tun?
Dass Sie hypothesengenerierend arbeiten, sodass Sie im Vorfeld keine Hypothesen generieren können, sollten Sie unter dem Gliederungspunkt „Hypothesen" beschreiben. Möglicherweise können Sie noch ein paar Sätze dazu schreiben, was der Vorteil dieser Methode im Allgemeinen ist und welchen Vorteil die Methode im Speziellen für Ihr Thema bietet.

10.6 Forschungsmethoden/methodisches Vorgehen

Der Gliederungspunkt „Forschungsmethoden/methodisches Vorgehen" sollte in einem Exposee belegen, dass der oder die VerfasserIn in der Lage ist, angemessene Methoden zur Beantwortung der Fragestellung heranzuziehen. Dabei sollten die Forschenden darlegen, dass sie kompetent sind, geeignete Methoden auszuwählen und anzuwenden.

Der Methodenteil des Exposees steht im direkten Zusammenhang mit der Forschungsfrage und ggf. den Hypothesen.

> Mit den passenden Forschungsmethoden setzen Sie die Beantwortung der Forschungsfrage um. Bei der Methodenauswahl sollte berücksichtigt werden, dass Sie zur Bearbeitung der Dissertation Ihren oder ggf. einen von außen vorgeschriebenen Zeitrahmen (z.B. durch ein Stipendium) einhalten sollten. Deswegen sollte Ihre Forschung praktisch umsetzbar sein und nicht zu groß angelegt werden.

Es gibt rein quantitative Forschungsmethoden, mit denen große Datenmengen systematisch erhoben und mittels vorher aufgestellten Hypothesen analysiert und interpretiert werden können. Daneben gibt es rein qualitative Forschungsmethoden, mit denen die subjektiven Interpretationen und Erfahrungswelten von Individuen beschrieben werden können. Und es gibt die

Möglichkeit der Kombinationen beider Methoden, was je nach Forschungsfrage, Forschungsmethode und -feld gewinnbringend ist. Wichtig ist jedoch, dass Sie – egal, für welches Vorgehen Sie sich entscheiden – immer solche Forschungsmethoden auswählen, die in Ihrer Fachdisziplin anerkannt sind und diese mit Ihrer Promotionsbetreuung absprechen.

> Bei der Planung, welche Methoden wie und wo eingesetzt werden, sollten Sie unbedingt auch die finanziellen und zeitlichen Kosten berücksichtigen, die die derart konzipierte Forschung mit sich bringen wird. Sie sollten immer sicher gehen, dass Sie sich bei Ihrer Forschung finanziell nicht übernehmen!

Vielleicht noch wichtiger ist es jedoch, dass Sie Ihre Methodenwahl ausreichend und kompetent begründen. Sie sollten vor allem herausarbeiten, dass die Methoden geeignet sind, die für die Beantwortung der Forschungsfrage erforderlichen Ergebnisse in der zur Verfügung stehenden Zeit zu generieren.

Was die genaue inhaltliche Gestaltung des Gliederungspunkts „Forschungsmethoden/methodisches Vorgehen“ angeht, so sollten Sie:

- beschreiben, welche Forschungsmethoden wie verwendet werden sollen
- begründen, warum die ausgewählten Forschungsmethoden besonders gut geeignet sind und warum andere Forschungsmethoden weniger geeignet wären
- darstellten, wie das Forschungsdesign, also der Forschungsablauf der Arbeit gestaltet wird
- aufzeigen, welche Personen warum in Ihre Untersuchung einbezogen werden sollen und wie diese Personen gewonnen werden (InterviewpartnerInnen, TeilnehmerInnen an teilnehmenden Beobachtungen etc.)
- aufzeigen, wie Versuche angeordnet werden
- begründen, welche Messinstrumente eingesetzt werden
- aufzählen, welche Medien, Quellen, Archive genutzt werden
- wie die Daten ausgewertet werden

Neben der Erhebungsmethode, von der es abhängt, wie genau die Daten im Forschungsprozess gewonnen werden, sollte jedoch auch die Auswertungsmethode konkret geplant und beschrieben werden. Sie sollten dabei konkretisieren, wie die erhobenen Daten aufbereitet und nach welchem Schema/welcher Theorie sie interpretiert und theoretisch reflektiert werden.

Wo erhalte ich Unterstützung zur Forschungsmethode?

Viele Promovierende benötigen Austauschmöglichkeiten und Unterstützung bei der Anwendung der in ihrer Fachdisziplin üblichen Forschungsmethoden.

Der Besuch von Methodenworkshops (teils kostenpflichtig) sowie das Studium von Methodenzeitschriften bieten einerseits fachliche Unterstützung, andererseits bieten die sie Promovierenden die Möglichkeit, sich untereinander zu vernetzen.

Ich habe Ihnen einige wichtige Internetseiten aufgeführt. Zur weiteren Recherche bietet es sich an, die Begriffe „Summer School" und „Methoden" oder „empirische Methoden" ggf. mit den Schlagworten Ihrer Forschungsmethoden in eine Suchmaschine im Internet einzugeben.

Das Leibnitz Institut für Sozialwissenschaften bietet Methodenworkshops an: Sie finden diese unter: www.gesis.org/veranstaltungen/

Das Institut für Qualitative Forschung bietet eine Summer-School an. Informationen dazu erhalten Sie unter: www.qualitative-forschung.de/methodentreffen

Das Forum Qualitative Sozialforschung (FQS) veröffentlicht eine dreisprachige Methodenzeitschrift unter: www.qualitative-research.net/

Jährlich richtet sich ein bundesweiter Workshop zur qualitativen Bildungs-, Beratungs- und Sozialforschung des Zentrums für Sozialweltforschung und Methodenentwicklung (ZSM) an NachwuchswissenschaftlerInnen. Informationen finden Sie unter: www.uni-magdeburg.de/zsm/

FAQs zu Forschungsmethoden

Ich habe an einer Fachhochschule studiert und bisher im Studium eher praktisch gearbeitet. Wie erlerne ich nun Forschungsmethoden?
Zunächst ist es wichtig, sich über die in Ihrer Fachdisziplin üblichen Forschungsmethoden zu informieren. Sie sollten auch herausfinden, welche Methoden üblicherweise für welche Art von Forschungsfragen verwendet werden. Zur Informationssuche eignen sich viele Quellen: In einigen Disziplinen gibt es Lehr- oder Handbücher, in denen ausschließlich Forschungsmethoden vorgestellt und diskutiert werden. Beispiele sind das Handbuch „Methoden der Organisationsforschung", das Handbuch „Methoden der Empirischen Sozialforschung" oder z.B. das Handbuch „Methoden der Bibliotheks- und Informationswissenschaft".

Neben der Suche in diesen Medien besteht möglicherweise aber auch die Gelegenheit, eine Methodenveranstaltung, z.B. eine Vorlesung oder ein Seminar, an der Universität zu besuchen. Dazu fragen Sie die Lehrenden um die Erlaubnis, an ihrer Veranstaltung teilnehmen zu können.

Darf ich eine eigene Forschungsmethode erfinden?
Je nachdem wo Sie promovieren und was Ihre Promotionsbetreuung davon hält, dürfen Sie das – oder eben nicht. Im Prinzip spricht nichts dagegen, dass Sie eine Methode an Ihr Forschungsanliegen und Ihre Gegebenheiten anpassen und sie insofern modifizieren. Wenn Sie eine Methode verändern möchten, sollten Sie das aber mit der Promotionsbetreuung absprechen. Die Betreuenden können Ihnen Auskunft darüber geben, ob bzw. unter welchen Umständen eine Modifikation möglich ist und was sie bedeutet. Beispielsweise könnte es bedeuten, dass umfangreiche Pretests nötig werden, die Sie konzipieren und zeitlich einplanen müssen.

Ist es möglich, die Methoden später, also während der Forschungsphase der Promotion, noch zu ändern?
Genauso wie sich das Promotionsthema im Forschungsverlauf weiterentwickelt, kann es dazu kommen, dass es z.B. aufgrund neuer Erkenntnisse notwendig wird, das bisher geplante methodische Vorgehen zu ändern. Veränderungen werden allerdings immer in enger Abstimmung mit der Promotionsbetreuung entschieden.

10.7 Der Arbeits- und Zeitplan

Da das Promovieren ein langer Prozess ist, der sich in der Regel über mehrere Jahre zieht, und da es auch, wie dargelegt, i.d.R. einige Wochen braucht, um ein Exposee fertigzustellen, ist es wichtig, diesen Prozess zu planen. Dazu bietet sich neben einem guten Zeitmanagement in der gesamten Exposee- und später in der Promotionsphase zunächst das Erstellen eines Zeitplans an. Das Zeitmanagement in der Promotionsphase beschreibt, wie Sie sich selber so organisieren, dass Sie Ihre Promotion gut voranbringen und einen Überblick über die gesamte Promotionsphase behalten (Tipps dazu ab S. 148). Ein Arbeits- und Zeitplan gibt dagegen einen Überblick über die geplanten Arbeitsschritte und die Dauer der geplanten Promotion im Vorhinein. Auf den Arbeits- und Zeitplan werde ich nun näher eingehen.

Grundsätzlich lassen sich im Zusammenhang mit der Promotionsplanung zwei Arten von Zeitplänen unterscheiden: Ein eher realistischer Zeitplan und ein Zeitplan, der sich statt an den tatsächlichen Arbeitszeiten an einer vorgegebenen Promotionsdauer orientiert, die z.B. durch ein Stipendium oder eine befristete Beschäftigung vorgegeben ist. Dieser Zeitplan kann unter Umständen ebenso realistisch sein, allerdings wiedersprechen sich in der Praxis des Promovierens häufig die tatsächliche Promotionsdauer von Promovierenden und die Höchstförderdauer von Promotionsstipendien. Da Promotionsstipendien in Deutschland i.d.R. für zwei Jahre und mit einer optionalen Verlängerungsmöglichkeit von nur einem weiteren Jahr vergeben werden, die tatsächliche Promotionsdauer statistisch aber länger ist (vgl. ab S. 17), gibt es eine Differenz zwischen der angestrebten Promotionszeit und der tatsächlichen Promotionszeit. Diese Differenz bietet möglicherweise ein hohes Frustrationspotenzial für Promovierende, weil diese das eigene, von den vorgeschriebenen Zeiten abweichende Vorankommen der Dissertation als Versagen und als Zeichen, den Ansprüchen nicht zu genügen, interpretieren.

Als gute Möglichkeit, konstruktiv mit dieser Diskrepanz umzugehen und die eigene Promotionsphase zu planen und zu überblicken, bietet es sich an, zwei Zeitpläne zu erstellen: einen offiziellen Zeitplan, der dem Exposee beigelegt wird und einen nicht offiziellen Zeitplan für die eigene Lebensplanung, der wöchentlich aktualisiert wird.

> Einen Zeitplan zu erstellen, ohne zu wissen wie viel Zeit Sie für die einzelnen Arbeitsschritte benötigen, hört sich schwieriger an, als es ist. Identifizieren Sie die Arbeitsschritte und verteilen Sie diese auf die zur Verfügung stehende Zeit!
>
> Vor allem für Ihren privaten Zeitplan gilt: Berücksichtigen Sie dabei ganz realistisch Ihre Möglichkeiten. Wenn Sie z.B. berufstätig sind, dann sollten Sie die Zeiten, in denen Sie beruflich sehr beansprucht sind, berücksichtigen, ebenso wie die Zeiten, in der Sie Luft für das Promovieren haben. Planen Sie ebenso private Termine (z.B. Urlaube) und einen Puffer für Unvorhergesehenes (z.B. Krankheiten) ein. Dann bekommen Sie einen realistischen Überblick.
>
> Der offizielle Zeitplan den Sie für das Exposee benötigen verdeutlicht, dass Sie Ihre Promotion in der zur Verfügung stehenden Zeit schaffen werden. Bleiben sie daher realistisch mit den Arbeitsschritten.

Wie kann man einen realistischen Zeitplan für ein Exposee erstellen?

Um die Promotionszeit realistisch zu planen, kann es sich als hilfreich erweisen zunächst den nicht-offiziellen und damit einen realistischen Zeitplan zu erstellen und diesen dann im zweiten Schritt auf eine vorgegebene Zeit zuzuschneiden. Diesen zweiten, offiziellen Zeitplan benötigen Sie möglicherweise für Ihr Exposee.

So gehen Sie am besten vor:

- Listen Sie alle geplanten Arbeitsschritte auf

- Planen Sie Recherche-, Planungs-, Erhebungs-, Auswertungs- und Schreibzeiten ein
- Planen Sie so kleinschrittig wie möglich: Welche Recherchen, Reisen, Archivbesuche fallen an? Welche Untersuchungen müssen konzipiert und durchgeführt werden? Wie viele Daten müssen aufbereitet, ausgewertet und interpretiert werden?
- Planen Sie Feedbackschritte (z.B. Rückmeldungen der Promotionsbetreuung) ein
- Berücksichtigen Sie private Termine (Umzug, Familiengründung, Urlaub). Planen Sie dabei unbedingt Erholungszeiten ein
- Berücksichtigen Sie die für die Promotion tatsächlich zur Verfügung stehende Zeit: Wie viel Zeit haben Sie wirklich neben der Berufstätigkeit und der Familienarbeit?)
- Markieren Sie, zu welchem Zeitpunkt Sie welchen Teil der Dissertation fertig haben wollen

Generell werden in dem Zeitplan alle notwendigen Arbeitsschritte der geplanten Dissertation aufgelistet. Dann werden die Arbeitsschritte in eine sinnvolle Reihenfolge gebracht und zeitlich eingegrenzt.

> Überprüfen Sie Ihren privaten Zeitplan im Laufe Ihrer Promotion regelmäßig. Erfahrungsgemäß ändert er sich im Prozess. Wenn Ihnen daran gelegen ist, Ihre Promotionsphase realistisch zu überblicken, passen Sie Ihren Zeitplan stetig an. Dazu eignet sich z.B. auch eine Excel-Datei.

Welche Elemente muss der offizielle Zeitplan enthalten, den Sie in das Exposee einbetten?

Folgende Arbeitsschritte sollte der offizielle Zeitplan enthalten, wobei es natürlich auf Ihr konkretes Forschungsanliegen ankommt, wie genau die einzelnen Punkte inhaltlich gefüllt werden:

- Material- und Literaturrecherche
- Entwicklung der forschungsleitenden Frage bzw. von Forschungshypothesen
- Planung der theoretischen Bezüge, Planung des Theorieteils der Arbeit
- Planung der empirischen Forschung (Auswahl der Theorie, der Methoden und des Forschungsfeldes)
- Entwicklung geeigneter Forschungsinstrumente (Erstellen von Interviewleitfäden, Fragebögen, anderen Instrumenten usw.)
- Laborzeiten, Experimente, Versuchsanordnungen

- Datenerhebung (Durchführung von Experimenten, Führen von Interviews usw., evtl. auch Pretests)
- Datenaufbereitung (Transkriptionen von Interviews, Eingabe quantitativer Daten in eine statistische Software usw.)
- Datenauswertung (Auswertung und Interpretation der erhobenen Daten)
- Schreiben der Dissertation/Schreibphasen (mehrere Überarbeitungsschritte, mehrfaches Feedback einholen)

Den nicht-offiziellen Zeitplan überarbeiten Sie in einem zweiten Schritt zu einem offiziellen Zeitplan, indem Sie ihn auf die Ihnen zur Promotion zur Verfügung stehende Zeit zuschneiden. Recherchieren Sie, wie viel Zeit Sie für Ihre Promotion verwenden dürfen, z.B. Arbeitsverträge, Höchstförderdauer von Stipendien.

Nehmen Sie dann Ihren zuerst erarbeiteten „realistischen" Zeitplan und passen ihn an die Zeit an, die Ihnen zur Verfügung steht. Versuchen Sie, dabei so realistisch wie möglich zu bleiben. Versuchen Sie, nicht nur viele Tätigkeiten in eine kurze Zeit zu packen, sondern kürzen Sie ggf. auch Inhalte, z.B. die Menge der Interviews, Archivbesuche oder ähnliches. In den Zeitplan, den Sie dann in das Exposee einbinden, gehören i.d.R. keine privaten Termine, evtl. können Sie aber Urlaubszeiten einbetten, die dann in Ihrer Dauer den Urlaubszeiten entsprechen die für ArbeitnehmerInnen üblich sind.

> Ein sehr wichtiger Tipp, vielleicht der Wichtigste überhaupt:
>
> **Die Promotion ist KEIN Lebenswerk!** Sie sollten sich zumindest vorstellen können, die Promotion irgendwann auch abzuschließen, idealerweise in drei bis fünf Jahren.

FAQs zum Zeitplan

Wie soll ich einen Zeitplan machen für etwas, das ich noch nie gemacht habe und wovon ich gar nicht einschätzen kann, wie viel Zeit ich für die einzelnen Arbeitsschritte benötigen werde?

Die fehlende Erfahrung ist wirklich das Schwierigste am Zeitplan. Versuchen Sie, Hilfe von erfahrenden Personen einzuholen. Vielleicht gibt es die Möglichkeit, andere Zeitpläne anzuschauen oder mit Promovierenden zu sprechen, die schon weiter im Promotionsprozess sind? Ansonsten bleibt Ihnen nichts anderes übrig, als die Dauer der einzelnen Tätigkeiten *Pi mal Daumen* zu schätzen.

Schreiben Universitäten vor, über welchen Zeitraum mein Zeitplan gehen soll?
Bisher nicht. Wenn Sie es tun würden, könnten Sie dies in der Promotionsordnung nachsehen.

Meine Promotion dauert länger als mein Stipendium. Was bedeutet das für mich?
Sie sind am Ende Ihrer Promotionszeit nicht mehr durch das Stipendium finanziell abgesichert und müssen sich spätestens zum Ende des Stipendiums um eine Finanzierung in der Endphase kümmern. Dass Sie das Stipendium zurückzahlen müssen, weil Sie nicht fertig geworden sind, ist seitens der Stiftungen und Begabtenförderwerke i.d.R. nicht vorgesehen. Sie könnten sich zur Sicherheit aber beim Stipendiengeber informieren, ob das vielleicht doch der Fall ist. Dies sollten Sie aus strategischen Überlegungen aber erst dann machen, nachdem das Stipendium bewilligt wurde.

Beispiele für Zeitpläne

Um Ihnen einen Überblick über unterschiedliche Zeitpläne zu geben, werden hier einige Zeitpläne vorgestellt. Die Zeitpläne sind alle auf 24 Monate angelegt. Der Zeitraum von 24 Monaten ist hier gewählt, weil die Zeitpläne für die Bewerbung auf ein Stipendium der Begabtenförderwerke üblicherweise 24-Monate-Zeitpläne umfassen sollen.

Die Beispielzeitpläne lassen Sich auf Ihr Promotionsprojekt sowohl inhaltlich als auch zeitlich anpassen.

Die Zeitpläne bieten einen groben Überblick über die einzelnen Arbeitsbereiche und sollen Sie dazu anregen, für das eigene Projekt Arbeitsschritte zu identifizieren und diese dann nach Zeiteinheiten zu strukturieren und im Rahmen eines Zeitschemas darzustellen.

Insgesamt habe ich für Sie sieben Beispiele für einen Zeitplan zusammengestellt, die Sie in chronologischer Reihenfolge auf den nächsten Seiten finden werden:

- *Beispiel 1* ist ein Zeitplan für eine quantitative Forschung. Dieser Zeitplan ist als Tabelle erstellt und enthält die typischen Bestandteile quantitativen Forschens.
- *Beispiel 2* ist ein Zeitplan für eine qualitative Forschung. Dieser Zeitplan ist als Tabelle erstellt und enthält die typischen Bestandteile qualitativen Forschens.
- *Beispiel 3* ist ein Zeitplan für eine qualitative Forschung. Er ist in Textform verfasst.
- *Beispiel 4* ist ein Zeitplan für eine qualitative Studie/Beobachtung: Dieser Zeitplan ist als Tabelle erstellt worden. Ausganglage sind

hier Pakete von Arbeitsschritten, später werden die Zeiteinheiten/Anzahl der Monate angepasst.

- *Beispiel 5* ist ein Zeitplan für eine vergleichende Studie: Er ist tabellarisch konzipiert und enthält eine nach konkreten Monaten aufgeschlüsselte Aufzählung der Tätigkeiten.
- *Beispiel 6* ist ein Zeitplan für eine vergleichende Studie. Der Plan ist eine Tabelle, die – differenziert nach Fall 1 und Fall 2 – aufgeschlüsselte Tätigkeiten enthält.
- *Beispiel 7* ist ein Zeitplan für eine empirische Untersuchung.
  Es ist eine nach Arbeitsphasen differenzierte Tabelle.

Beispiel 1: Zeitplan für eine quantitative Forschung

Arbeitsplan / Monate	01	02	03	04	05	06	07	08	09	10	11	12	13	14	15	16	17	18	19	20	21	22	23	24
Entwicklung des Theorieteils/Darstellung der Hypothesen	■	■	■																					
Konzeption des Fragebogens		■	■	■																				
Versuchsbefragung/Pretest				■	■	■																		
Überarbeitung des Fragebogens/Befragung im Feld						■	■	■																
Verschriftlichung des theoretischen Teils								■	■	■														
Aufbereitung und Auswertung der Daten											■	■	■	■	■	■								
Verschriftlichung des empirischen Teils															■	■	■	■	■					
Diskussion der empirischen Ergebnisse und theoretische Reflexion																				■	■	■		
Überarbeitung																						■	■	■
Endkorrekturen/Abgabe																								■

Beispiel 2: Zeitplan für eine qualitative Forschung

Arbeitsplan / Monate	01	02	03	04	05	06	07	08	09	10	11	12	13	14	15	16	17	18	19	20	21	22	23	24
Auswahl und Akquise der InterviewpartnerInnen	■																							
Entwicklung eines Leitfadens	■	■																						
Durchführung der Interviews			■	■	■																			
Transkription der Interviews					■	■	■																	
Auswertung der qualitativen Daten							■	■	■	■	■	■												
Verschriftlichung des theoretischen Bezugsrahmens					■	■	■																	
Verschriftlichung der Ergebnisse der qual. Erhebung										■	■	■	■	■	■									
Rohfassung schreiben															■	■								
Theoretische Reflexion des empirischen Materials																	■	■	■	■	■			
Überarbeiten/Korrigieren																						■	■	■
Abgabe der Arbeit																								■

Beispiel 3: Zeitplan für eine qualitative Forschung (Textform)

Bisher wurde folgende Vorarbeit geleistet:
In meiner Masterarbeit „XYZ“ habe ich mich ausführlich mit dem Thema X unter Bedingung von Y auseinandergesetzt. Da ich in dieser Arbeit bereits mit „XY-Methode“-Interviews gearbeitet habe, sind mir diese auch in der Promotion zu verwendenden Methoden bereits vertraut. Des Weiteren gab es in der Masterarbeit auch ein kurzes einführendes Kapitel zum „Theoriebezug X“, für das ich mich in die Grundlagen des Promotionsthemas eingearbeitet habe.

Eine ausführliche Literaturrecherche und eine Bearbeitung der ausgewählten Theorien sind ebenfalls erfolgt. Dabei habe ich hauptsächlich die Themenstränge X, Y und Z bearbeitet, die in dem geplanten Promotionsvorhaben weiter zusammengeführt werden sollen. Theoretisch abgeleitet sind schon zwei von vorraussichlich acht Auswertungskategorien begründet worden.

Diese Arbeitsschritte stehen noch aus:
In einer ersten Arbeitsphase von ca. drei Monaten erfolgt die theoretische Einbettung der Forschungsfrage. In dieser Phase werde ich zudem die Leitfäden für die Interviews erstellen sowie ein Kategorienschema für die Auswertung der Interviews entwickeln. Ebenfalls in den ersten drei Monaten wird das Methodenkapitel verfasst. Parallel dazu wird der Zugang zum Feld abschließend organisiert und terminiert, und erste Testinterviews werden geführt.

Nach diesen vorbereitenden Arbeiten erfolgen die Erhebung, die Aufbereitung (Transkription, Codierung) und die Auswertung der Interviews, die zehn Monate Zeit in Anspruch nehmen werden. Da ich mit der Methode des XY arbeiten werde, lassen sich Erhebung und Auswertung nicht genau voneinander abgrenzen, da sowohl die Überarbeitung des Leitfadens nach einigen Testinterviews als auch die gezielte Suche nach weiteren Interviewpartnerinnen und -partnern parallel zur Auswertung stattfinden. Während der Auswertung erfolgen auch die Verschriftlichung der Ergebnisse sowie u.U. ausführlichere Interpretationen einzelner Interviews.

Anschließend sollen im Zeitrahmen von vier Monaten die theoretische Reflexion der Ergebnisse sowie die Einarbeitung einschlägiger Theorien in die Auswertungsbegründung stattfinden. Die Entwicklung des Ausblicks und eventueller Handlungsanweisungen auf der Grundlage der empirischen Ergebnisse nimmt weitere drei Monate in Anspruch.

Abschließend bleiben vier Monate Zeit, um nach der mehrfachen Überarbeitung, dem Redigieren, dem Layouten und dem Druck die Arbeit nach insgesamt 24 Monaten abzuschließen.

Beispiel 4: Zeitplan für eine qualitative Studie/Beobachtung

	Projektinhalte	Arbeitsschritte	Zeitaufwand
I. Planungsphase	Vorbereitung der Befragung	Recherche und Zusammenstellung von Fragebogenmaterial	4 Monate
	Konzeption der Verhaltensbeobachtung	Kategoriendefinition; Auswahl der Beobachtungssituationen; Probebeobachtungen	
	Rekrutierung der Stichprobe	Auswahl der Untersuchungsteilnehmer Innen; Informationsgespräche; Terminvereinbarungen	
	Bestimmung der theoretischen Bezüge	Textstudium und Schreiben des theoretischen Überbaus	
II. Erhebungsphase	Durchführung der Befragung Durchführung der Verhaltensbeobachtung	Interviews Gruppe A Interviews Gruppe B Befragung der KollegInnen von A und B Beobachtung der Gruppe A in drei typischen Situationen	6 Monate
III. Datenauswertungsphase	Aufbereitung und Auswertung des Datenmaterials	Sichtung des Datenmaterials Datenaufbereitung Datenauswertung	4 Monate
IV. Interpretations- und Rückkopplungsphase	Interpretation der Ergebnisse und Rückkopplung an theoretische Erkenntnisse	Interpretation Herstellung von theoretischen Bezügen	5 Monate
IV. Schreibphase	Verfassen und Redigieren der Arbeit	Darstellung der Ergebnisse Intensive Schreibphase	5 Monate
			Gesamt: 24 Monate

Beispiel 5: Zeitplan für eine vergleichende Studie

Jan.–Mrz. 2014	Vorbereitung (Quellensuche bzw. Zugänglichkeit der Quellen, Allgemeine Literatur, methodische Vorarbeiten)
April–Juni 2014	Literaturrecherche und Entwicklung forschungsleitender Hypothesen, Verschriftlichung der Untersuchungshypothesen auf Basis der erarbeiteten theoretischen Grundlagen
Juli–Sep. 2014	Quellenrecherche in Archiven (Archiv x/Archiv y)
Okt. 2014–Jan 2015	Bearbeitung und Auswertung des Materials
Feb.–Mrz. 2015	Auslandsaufenthalt im Land x, weitere Quellen- und Literaturrecherche, Verschriftlichung weiterer Untersuchungshypothesen auf Basis der erarbeiteten theoretischen Grundlagen
April–Juni. 2015	weitere Bearbeitung und Auswertung des Materials
Juli 2015–Aug. 2015	weitere Strukturierung des Materials, vergleichende Betrachtung, eventuelle Nachrecherchen
Sep.–Okt. 2015	Schreibphase: Verschriftlichung der Ergebnisse
Nov.–Dez. 2015	Korrektur- und Layoutarbeiten, Drucklegung, Abgabe

Beispiel 6: Zeitplan für eine vergleichende Studie (Tabellenform)

	Jahr 2014 =7 Monate							Jahr 2015 = 12Monate												Jahr 2016 = 5 Monate					
Literaturrecherche	x	x	x					1	1	1	1	1			1	1	1	1	1						
Aufbau von Kontakten zum Untersuchungsfeld	x	x																							
Dokumentenanalyse der Dokumente x			x																						
Dokumentenanalyse der Dokumente y			x																						
Historische Rekonstruktion				x	x																				
Erarbeitung des Leitfaden für die Telefoninterviews			x	x																					
Telefoninterviews, Ziele							1	1		2	2			1	1	2	2								
Erarbeitung der Instrumente für die Fallstudien			x	x	x	x	x																		
Durchführung der Fallstudien								1	1	1	1 2	1 2	1 2	2	1	1	1 2	1 2	1 2	2	2				
Auswertung der Daten										x	x	x	x	x	x	x	x	x	x	x	x	x	x		
Diskussion der Befunde																						x	x	x	
Überarbeiten																						x	x	x	x
Druck/Abgabe der Arbeit																									x

1 = Recherche / Befragung / Erhebung in Land 1 (mögliche Zeiträume)
2 = Befragung / Erhebung in Land 2 (mögliche Zeiträume)

Beispiel 7: Zeitplan für eine empirische Untersuchung (Tabelle nach Tätigkeiten differenziert)

Orientierungs- und Planungsphase	Internetrecherche, Kontaktaufnahme mit entsprechenden VertreterInnen der Untersuchungsgruppe, Literaturlisten zusammenstellen Theoretische Vorarbeiten	Bereits geleistet
Recherche	Literatur beschaffen und auswerten, Recherche nach Untersuchungsteilnehmenden, ExpertInnenbefragung	4 Monate
Versuchsvorbereitung	empirischen Versuchsaufbau konzipieren, Fragebögen entwerfen, Untersuchungsgruppe befragen	2 Monate
Versuchsdurchführung	Versuch xy durchführen, zweite Befragung konzipieren, dokumentieren und auswerten	4 Monate
Versuchsauswertung	zweite Befragung, Auswertung der Fragebögen	3 Monate
Strukturierung des Materials	Versuchsbeschreibung und Ergebnisse formulieren, Bezüge herstellen zu den Ergebnissen der Literaturauswertung	3 Monate
Schreiben der Rohfassung	Schreibphase, evtl. Neuordnung der Gliederung	4 Monate
Überarbeiten des Geschriebenen	Übergänge glätten, roten Faden herstellen, Quellen- und Literaturverzeichnis prüfen, sprachliche Überarbeitung	3 Monate
Korrigieren und Layouten der Arbeit	Korrekturlesen (Orthografie, Grammatik, Überprüfen von Verweisen und Zitaten), Reinschrift und Layout	1 Monat

10.8 Die Gliederung

Manchmal wird verlangt, dass einem Exposee eine Gliederung der geplanten Dissertation angehängt werden muss. Sie müssen dann quasi die Forschungsarbeit im Vorhinein entwerfen und in einer Reihenfolge sortieren. Dazu bringen Sie unter dem Titel „Vorläufige Gliederung der Dissertation" alle geplanten Inhalte der späteren Dissertation in eine Reihenfolge.

Man kann zwischen einer kommentierten und einer unkommentierten Gliederung unterscheiden. Für eine unkommentierte Gliederung listen Sie die Inhalte lediglich auf. Soll die Gliederung dagegen kommentiert werden, schreiben Sie zusätzlich zu jedem einzelnen Gliederungspunkt einige Sätze, die umschreiben, worum es bei dem jeweiligen inhaltlichen Bereich gehen wird.

Für eine Gliederung Ihrer Dissertation in Ihrem Exposee können Sie sich problemlos an den üblichen Inhalten von Exposees orientieren, die ich Ihnen ab S. 103 vorgestellt hatte.

> Falls Ihr Exposee eine vorläufige Gliederung Ihrer geplanten Dissertation enthalten soll, entwickeln Sie anhand der Inhalte, die Sie im Exposee beschreiben, die Gliederungspunkte. Sie müssen im Vorhinein noch nicht bis ins letzte Detail gliedern, denn manche Abläufe können Sie noch nicht kennen oder es ändern sich Inhalte im Laufe des Forschungsprozesses. Meist reicht eine grobe Gliederung aus, die die wesentlichen Inhaltsbereiche enthält.

Ich habe für Sie ein Beispiel einer kommentierten vorläufigen Gliederung einer Dissertation erstellt, an der Sie sich orientieren können, wenn Sie selbst eine entwerfen müssen. Sie können in der Tabelle ersehen, welche Elemente eine Gliederung haben sollte und was Sie ggf. bei der Kommentierung berücksichtigen müssen.

Tabelle 5: Die Gliederung der Dissertation im Exposee darstellen

1	Einleitung	Hier geben Sie einen Überblick über die Inhalte Ihrer Arbeit und definieren aus der vorhandenen literatur die wesentlichen Begriffe.
2	Stand der Forschung	Hier explizieren Sie den aktuellen, für Ihr eigenes Forschungsanliegen wichtigen, Forschungsstand.
2.1 2.2 2.2.1 2.2.2	Stand der Forschung: Studien zu x Stand der Forschung: Studien zu y Stand der Forschung: Studien zu y1 Stand der Forschung: Studien zu y2	Hier geben Sie einen Überblick über die Ergebnisse von unterschiedlichen Untersuchen, die für Ihr Forschungsanliegen für Interesse sind. In diesem Zusammenhang stellen Sie eine Forschungslücke bzw. einen Forschungsbedarf fest, mit der/dem Sie Ihre eigene Forschung begründen..
3	Theorieteil	Hier geben Sie einen Überblick, welche theoretische Einbettung Ihre Arbeit hat.
3.1 3.2 3.3	Theorien Bereich A Theorien Bereich B Theorien Bereich C	Hier stellen Sie einzelne Theorien vor und begründen Ihre theoretische Einbettung.
4 4.1 4.2	Fragestellung Forschungslücke/Forschungsbedarf ggf. Vorannahmen/Hypothesen	Hier formulieren Sie, welche wissenschaftliche Fragestellung Ihre Arbeit hat. Begründen Sie Ihre Fragestellung durch die Forschungslücke/den Forschungsbedarf und entwickeln Sie ggf. Hypothesen.
5	Forschungsmethoden	Hier stellen Sie vor, welche Methoden Sie wählen, um Ihrer Forschungsfrage nachzugehen.
5.1 5.2 5.3	Auswahl der Methoden Methode x Methode y	Hier begründen Sie Ihre Methodenwahl, ggf. mit der Abwägung der Vor- und Nachteile einzelner Methoden
5.4	Untersuchungsdesign	Hier schildern Sie Ihre empirische Untersuchung und begründen Ihr Vorgehen..

6	Auswertung der erhobenen Daten	Hier schildern Sie, wie Sie die erhobenen Daten auswerten wollen und auf welche Methoden und Hilfsmittel (Software) Sie dabei zurückgreifen wollen.
6.1 6.1.1 6.1.2 6.1.3	Darstellung der Ergebnisse Ergebnisse Untersuchungsgruppe 1 Ergebnisse Untersuchungsgruppe 2 Ergebnisse Untersuchungsgruppe 3	Hier geben Sie einen Überblick über die Ergebnisse bzw. wie Sie mit den Ergebnissen umgehen, bzw. diese auswerten möchten.
6.2	Interpretation der Ergebnisse	Hier führen Sie aus, was die Ergebnisse bezogen auf Ihre Forschungsfrage(n) und Hypothesen bedeuten.
7 7.1 7.2	theoretische Reflexion der Ergebnisse Diskurs 1 Diskurs 2	Hier beschreiben Sie, wie Sie die Ergebnisse Ihrer Untersuchung an die Theorien rückkoppeln wollen.
8	Fazit/Ausblick/weiterer Forschungsbedarf	Hier formulieren Sie, inwiefern die Forschungslücke geschlossen werden konnte. Und Sie geben einen Ausblick, wozu die Daten nützlich sind bzw. wo sich weiterer Forschungsbedarf zeigt.
Anhang	Abbildungs- und Tabellenverzeichnis, Glossar, zum Teil auch die Erhebungsinstrumente wie Leitfäden und Fragebögen	Hier geben Sie an was in den Anhang Ihrer Arbeit gehört
Literaturverzeichnis		

Weitere Gliederungspunkte Ihrer Dissertation könnten sein:

- Einführung
- Ausgangs- oder Problemlage
- Grundlagen
- Zielsetzung
- Aspekte und Diskurse
- Modelle
- Vergleich
- Experimente
- Materialien
- Diskussion
- Zusammenfassung

Versuchen Sie, ihre Gliederung so umfassend wie möglich zu konzipieren. Klarheit über die Reihenfolge der Inhalte bedeutet nämlich, dass Sie gut geplant haben und zügig losschreiben können.

10.9 Das Literaturverzeichnis

Ein Literaturverzeichnis ist jedem Exposee beizufügen. Es beinhaltet *alle* im Exposee verwendeten Quellen.

Wichtig bei der Erstellung der Literaturliste ist ein der Textart (Exposee) und dem Thema angemessener Inhalt und Umfang d.h., dass ein Exposee keine 30-seitige Literaturliste braucht. Die Literaturliste für ein Exposee soll darüber hinaus den wissenschaftlichen Standards der Fachdisziplin entsprechen. Also müssen Sie wissen, was im Fach üblich ist, vor allem welche Formalitäten z.B. Zitierweisen Sie bei der Erstellung Ihrer Literaturliste einhalten müssen.

Wenn Sie den Stand der Forschung und den theoretischen Rahmen in Ihrem Exposee ausführlich dargelegt haben, sollten Sie in diesem Rahmen auf diverse AutorInnen/WissenschaftlerInnen und deren Studien verwiesen haben. Diese für Ihr Forschungsprojekt relevante Literatur muss im Literaturverzeichnis aufgelistet sein. Dazu gehören die wesentlichen Arbeiten der VertreterInnen der verwendeten Theorien, der verwendeten Methoden und aller ForscherInnen, mit deren Forschungsergebnissen Sie die Relevanz Ihres geplanten Forschungsprojekts begründen.

Die Literaturliste eines Exposees enthält i.d.R. nur die von Ihnen tatsächlich verwendete Literatur.

Die Funktion Ihrer Literaturliste besteht auch darin, den LeserInnen bzw. den GutachterInnen zu vermitteln, dass Sie über umfassende Kenntnisse zum Thema verfügen, alle bisherigen, wichtigen Forschungsergebnisse einbezogen haben und der Umfang der verwendeten Literatur ausreicht und inhaltlich passend ist, die Dissertation zu schreiben.

FAQs zum Literaturverzeichnis

Kann ich Literatur in das Literaturverzeichnis aufnehmen, die ich für das Exposee nicht verwendet habe?
Verboten ist es nicht, aber welchen Sinn soll das haben? Mit der Darlegung des Forschungsstands haben Sie die Möglichkeit, die für Ihr Projekt relevante Literatur aufzuführen. Sollten Sie Kenntnisse darüber haben, dass ein Stan-

dardwerk im Erscheinen ist, können Sie anmerken, dass Sie dieses Werk in Ihre spätere Forschung einbeziehen werden.

Wie lang sollte eine Literaturliste für ein Exposee sein?
Generell kann man das nicht sagen. Eine 30-seitige Literaturliste ist eher zu viel, eine halbseitige möglicherweise zu wenig. Wichtig ist, dass die gesamte im Exposee verwendete Literatur enthalten ist und dass Sie die wichtigsten Studien und Theorien, die für Ihr Forschungsanliegen relevant sind, aufführen (und im Text auf sie eingehen).

11 Andere Formen von Exposees

Im letzten Kapitel habe ich Ihnen vorgestellt, wie ein ausführliches Exposee gestaltet werden sollten. Nicht immer benötigen Sie jedoch sofort ein solch langes Exposee. Um Ihr geplantes Forschungsvorhaben bei einer möglichen Promotionsbetreuung vorzustellen und um diese als Betreuende Ihrer Promotion zu gewinnen, können Sie zunächst eine Ideenskizze verwenden. Das etwas umfangreichere Kurzexposee dagegen wird z.B. von einzelnen Begabtenförderwerken bei der Bewerbung auf ein Stipendium verlangt. Erst wenn Sie auf der Basis dieses Kurzexposees die nächste Auswahlrunde erreichen, werden Sie aufgefordert werden, ein längeres Exposee einzureichen.

11.1 Die Ideenskizze

Bei einer Ideenskizze handelt es sich um ein kurzes Paper, das als Grundlage für ein erstes Gespräch über das geplante Promotionsvorhabens dient. Hier führen Sie auf, welche Ideen Sie haben und wie Sie diese Ideen umsetzen wollen. Machen Sie Stichpunkte zu den Fragen, WAS Sie WIE und WARUM machen wollen:

- Welches Thema interessiert Sie?
- Was ist der Stand der Forschung zu diesem Thema?
- Wo sind Forschungslücken und welche Fragestellung für Ihre Arbeit leiten Sie daraus ab?
- Welche Theorien und welche Methoden könnten sich für Ihre Forschung eignen?
- Haben Sie vielleicht schon erste Ideen für eine mögliche empirische Untersuchung?

> Eine Ideenskizze kann die Grundlage für ein erstes Gespräch mit der (potenziellen) Promotionsbetreuung sein. Sie muss nicht fertig ausformuliert sein, soll aber schon einen guten Überblick darüber geben, was Sie in Ihrem Promotionsprojekt vorhaben.

Der Umfang der Ideenskizze ist Ihnen überlassen. Wenn die Ideenskizze als Grundlage für ein erstes Informationsgespräch dienen soll, ist es sinnvoll, dass sie so kurz ist, dass sie kurz vor, oder auch während des Gesprächs von der potenziellen Promotionsbetreuung gelesen werden kann. Sie sollte zudem so übersichtlich formatiert sein, dass man sich während der Beratung auf die einzelnen Punkte beziehen kann.

Das bedeutet, dass Sie die wesentlichen Informationen über das geplante Promotionsprojekt am besten als Stichpunkte formulieren und vor allem lange Schachtelsätze vermeiden.

Nach der Besprechung mit der Promotionsbetreuung und nachdem Sie diese (hoffentlich) von Ihrer Idee begeistert haben und Ihr Promotionsvorhaben grünes Licht bekommen hat, dient die Ideenskizze als Grundlage für die Ausarbeitung des Exposees.

11.2 Das Kurzexposee

Ein Kurzexposee beträgt i.d.R. zwei bis drei Seiten und sollte alle wesentlichen inhaltlichen Informationen zum Promotionsprojekt beinhalten. Weil Sie zwar dieselben Inhalte anführen müssen wie in einem langen Exposee, Sie aber was den Umfang angeht sehr eingeschränkt sind, ist es etwas schwieriger zu konzipieren als das umfangreichere Exposee. Hilfreich ist, wenn das längere Exposee schon fertig ist Sie auf dieser Basis eine kürzere Version erstellen können.

> Überlegen Sie, bevor Sie ein Kurzexposee verfassen, wie Sie Ihr geplantes Promotionsprojekt einer Person vorstellen möchten, die allerhöchstens fünf Minuten Zeit hat und die Sie für Ihr Vorhaben begeistern wollen. Um die Wirkung Ihres Exposees dann in der Praxis auszuprobieren, stellen Sie Ihr Promotionsprojekt einem Freund bzw. einer Freundin vor. Günstig wäre es zudem, wenn Sie Ihr Promotionsprojekt einer Person, die in dem Forschungsfeld arbeitet, vorstellen.

Ein Kurzexposee sollte darüber aufklären und begründen, *WAS* Sie in Ihrem Promotionsprojekt *WARUM WIE* machen wollen. Dementsprechend sollte das Kurzexposee folgende Inhalte enthalten:

WAS: Einleitung/Zusammenfassung

Hier fassen Sie Ihr Thema kurz zusammen, indem Sie aus Ihrer Themeneingrenzung (vgl. „Themeneingrenzung“ ab S. 94) eine kurze Einführung zusammenstellen. Formulierungen könnten sein:

- Die geplante Dissertation beschäftigt sich damit, wie …
- In der geplanten Dissertation wird untersucht …
- Die geplante Dissertation analysiert …

- In dem Forschungsprojekt soll herausgefunden werden …
- In der geplanten Dissertation wird das Thema …
- Im geplanten Promotionsprojekt wird folgender Erkenntnisgewinn erwartet …

WARUM: Stand der Forschung

Hier begründen Sie die wissenschaftliche Relevanz Ihres Forschungsanliegens und stellen eine Forschungslücke vor, aus dem Sie den Bedarf Ihrer Forschung ableiten. Formulierungen könnten sein:

- Forschungsergebnisse zeigen, dass …
- Studien belegen, dass …
- X und y fanden heraus, dass …
- Vorhandene Studien kommen zu dem Ergebnis …
- Bisherige Untersuchungen konnten nicht erklären …
- Vorhandenen Ansätzen liegt die Annahme zugrunde … die geplante Dissertation dagegen...
- Nach xy Studien kann davon ausgegangen werden, dass …

WIE: Theorie, Forschungsfrage, Methode

Hier beziehen sich die einzelnen Überschriften auf die theoretischen Vorüberlegungen bzw. auf die Grundlagen/Theorie, die Fragestellung und das methodische Vorgehen.

Sie sollten herausstellen, in welche Theorien Sie Ihr Promotionsprojekt einbetten wollen bzw. von welchen Theorien Sie sich abgrenzen. Formulierungen könnten sein:

- Zugrundeliegende theoretische Überlegungen des Forschungsprojektes sind ...
- Den theoretischen Rahmen bilden …, weil …
- Die theoretische Einbettung ist …
- Theoretisch grenzt sich die geplante Dissertation von … ab …
- Unter Einbeziehung der theoretischen Ansätze … wird der Frage nachgegangen …

Die Forschungsfrage sollte dabei deutlich dargestellt werden!

- Die Forschungsfrage lautet: Wie/warum …
- Die forschungsleitende Frage der Dissertation ist …
- In der Dissertation soll die Frage beantwortet werden wie/was/warum …

Auch sollten Sie herausstellen, welche Methoden die Beantwortung der Fragestellung unterstützen sollen:

- Folgende Erhebungs- und Auswertungsmethoden werden verwendet
- Methodisch ist die Arbeit so angelegt, dass …
- Das Untersuchungsdesign bildet sich aus …

Ein Kurzexposee ist nicht einfach nur eine Auflistung dessen, was in der Dissertation geplant ist. Es sollte auch Begründungen und Schlussfolgerungen liefern.

Verwenden Sie deshalb auch folgende Formulierungen: weil – daraus folgt – um dieses einzuordnen – im Anschluss daran – darauf aufbauend wird – In der Annahme dass – Im Kontrast dazu – daraus ergibt sich.

11.3 Das Exposee für ein Stipendium

Zum Exposee für ein Stipendium ist in den anderen Kapiteln schon Einiges gesagt, ich möchte hier aber nochmal das Wichtigste zusammenfassen.

Der Großteil von Promotionsstipendien wird in Deutschland durch die Begabtenförderwerke vergeben. Darüber hinaus vergeben private Stiftungen, Universitäten oder einzelne Fakultäten Stipendien (siehe Kapitel Finanzierung ab S. 49).

Das Exposee ist, neben Zeugnissen und anderen Bescheinigungen, elementarer Bestandteil der Bewerbungsunterlagen für ein Promotionsstipendium. Was den Aufbau, die Formatierung und weitere Anforderungen an die Gestaltung des Exposees angeht, so gibt es je nach StipendiengeberIn unterschiedliche Vorgaben. Bevor Sie mit der Arbeit an Ihrem Exposee beginnen, sollten Sie die Anforderungen, die Ihr Exposee erfüllen muss, deshalb sehr gründlich recherchieren.

Recherchieren Sie gründlich, welche Vorgaben die jeweiligen StipendiengeberInnen für die Gestaltung des machen. Halten Sie sich unbedingt an diese formalen Vorgaben!

Wie genau ein Exposee für ein Stipendium gestaltet sein muss, welche Kapitel und Inhalte es haben soll und wie hoch der Umfang sein darf, erfahren Sie auf den jeweiligen Webseiten der StipendiengeberInnen. Dort finden Sie auch eine Auflistung der weiteren, für die Bewerbung erforderlichen Unterlagen. Oft wird neben dem Exposee z.B. ein Gutachten der Promotionsbetreuung verlangt. Darin werden u.a. die wissenschaftliche Relevanz Ihres Projektes, der Nutzen der erwarteten Ergebnisse und Ihre persönliche Kompetenz, dieses Projekt durchzuführen, herausgestellt.

Im Rahmen der Bewerbung wird das Exposee durch externe, von der jeweiligen Stiftung bestimmte, GutachterInnen beurteilt. Als ExpertInnen des jeweiligen Forschungsfeldes beurteilen sie die Bedeutung des Dissertationsprojektes für die jeweilige Disziplin, den Arbeits- und Zeitplan, prüfen Methoden und Verfahren der geplanten Forschungsarbeit und weisen auf Potenziale und Grenzen des Vorhabens hin.

AdressatInnen des Exposees, das Sie im Rahmen einer Bewerbung auf ein Stipendium schreiben, können also eine oder mehrere Personen sein, die einen unterschiedlichen Fokus auf die Beurteilung legen. Neben der Relevanz, der Machbarkeit und der Bedeutung des geplanten Projekts für die Wissenschaft und die Fachdisziplin müssen BewerberInnen in das Profil der jeweiligen Stiftung passen.

> Das Exposee für ein Stipendium soll die StipendiengeberInnen, also z.B. Begabtenförderwerke sowie private und öffentliche Stiftungen, davon überzeugen, dass Ihr Promotionsprojekt einen wichtigen wissenschaftlichen Erkenntnisgewinn bringt und den Werten, Zielen und Überzeugungen der StipendiengeberInnen entspricht.

Die Auswahlausschüsse der Stiftungen oder der anderen StipendiengeberInnen sind häufig heterogen besetzt, d.h. dass einige Mitglieder der Ausschüsse WissenschaftlerInnen sind, die Ausschüsse aber auch aus weiteren Personen bestehen können, die die Interessen der Stiftungen vertreten. Da das Exposee dazu dient, die AdressatInnen von dem eigenen Dissertationsprojekt zu überzeugen, ist es wichtig, dass das Exposee einerseits wissenschaftlich relevant ist und sich andererseits, sofern das inhaltlich möglich ist, sich an Schwerpunkten der jeweiligen StipendengeberInnen orientiert.

> Das Exposee für ein Stipendium wird von unterschiedlichen Personen mit unterschiedlichen Zielen gelesen. Es muss daher in der Fachsprache der Disziplin verfasst sein, die wissenschaftlichen Erkenntnisse der Fachdisziplin enthalten und andererseits so verständlich verfasst sein, dass das Dissertationsprojekt für *alle* LeserInnen der Auswahlausschüsse interessant ist und förderwürdig erscheint, dadurch dass Sie den Nutzen des zu erwartenden Erkenntnisgewinns deutlich und verständlich herausheben.
>
> Fördermittel sind knapp und die BewerberInnen-Zahlen auf Stipendien hoch! In diesen Zeiten großer Konkurrenz lohnt es sich, nur ein wirklich durchdachtes Exposee abzuschicken.

FAQs zum Exposee für ein Stipendium

Was passiert, nachdem ich mein Exposee für ein Stipendium eingereicht habe?
Es wird geprüft, ob die erforderlichen Unterlagen vollständig eingereicht wurden und ob Ihr Exposee den formalen Vorgaben entspricht. Sofern alles in Ordnung ist, wird ein weiteres Gutachten einer oder mehrerer GutachterInnen (VertrauensdozentInnen) der Stiftungen angefordert. Wenn auch diese zu der Auffassung kommen, dass Ihr Promotionsprojekt gut geplant ist, spannende, wissenschaftliche Erkenntnisse verspricht und dass Sie in das Förderprofil der Stiftung passen, wird ein Auswahlausschuss darüber entscheiden, ob Ihnen ein Stipendium bewilligt wird.

Darf ich mich mit dem gleichen Exposee bei mehreren Stiftungen bewerben?
Wenn das Exposee den formalen Vorgaben der unterschiedlichen Stiftungen entspricht, können Sie sich mit ihm prinzipiell bei mehreren Stiftungen bewerben. Sollten Sie Ihr Exposee zunächst bei einer und dann bei einer anderen Stiftung einreichen wollen, könnte es allerdings sinnvoll sein, das Exposee zwischendurch auf Erkenntnisfortschritte und dementsprechenden Überarbeitungsbedarf zu prüfen.

Teil 3

Was für eine Promotion sonst noch wichtig ist

12 Zeitmanagement – Software und Ratgeber

Das Promovieren ist ein mehrjähriger Prozess bei dem es notwendig und hilfreich ist, einen Überblick über Ihre bereits absolvierten und die noch ausstehenden Arbeitsschritte zu behalten. Um den Promotionsprozess übersichtlich zu gestalten, gibt es verschiedene Möglichkeiten und unterschiedliche Hilfsmittel. Im Folgenden möchte ich Ihnen verschiedene Tools vorstellen, die Ihnen den Überblick über den Zeitraum des gesamten Promotionsprozesses und die Verwaltung der Literatur ermöglichen.

12.1 Das Zeitmanagement in der Promotionsphase

Eine wesentliche Anforderung an Promovierende ist das Herstellen einer Balance, die darin besteht, höchst unterschiedliche Lebensbereiche miteinander zu vereinbaren. Denn meistens bedeutet die die Promotionszeit, dass das Arbeiten an der Promotion mit anderen, oft zeitintensiven Anforderungen verknüpft werden muss, beispielsweise mit der Erwerbsarbeit (extern oder im Lehrstuhl bzw. im Forschungsprojekt), der Familien- oder Pflegearbeit, der Lehre, eigenen Weiterbildungen, der Arbeit an Publikationen und der Teilnahme an Tagungen. Nicht zu vergessen sind auch die wichtigen Erholungszeiten und die Pflege von Verwandtschaften, Freundschaften und Hobbies.

> Eine gute Zeitplanung ist in der Promotionsphase unerlässlich! Nutzen Sie bereits zu Beginn Ihrer Promotionsphase Zeitmanagementtools, um einerseits einen Überblick über die gesamte Promotionsphase zu erhalten, sowie die Möglichkeit der konkreten Planung kürzerer Zeitabstände bzw. Aufgabenpakete.

Nachfolgend werden zwei für die Promotionsphase wirkungsvolle Methoden zum Zeitmanagement vorgestellt. Ich werde Ihnen die 1-2-3-Methode und das Eisenhower-Prinzip vorstellen. Neben diesen beiden Methoden gibt es aber natürlich noch andere Zeitmanagementmethoden, die Sie unter den Stichworten „Salami-Taktik“, „Pareto-Prinzip“ oder „ABC-Analyse“ recherchieren können. Wichtig ist hier, dass Sie solche Zeitmanagementmethoden auswählen, die zu Ihnen und Ihren Zielen passen. Das bedeutet, dass Sie vielleicht etwas herumprobieren müssen, bis Sie die für Sie geeignete Methode zum Zeitmanagement gefunden haben. Das Prinzip von Zeitmanagement ist immer ähnlich: Es werden Ziele definiert, Prioritäten gesetzt und Teilaufgaben identifiziert. Dann wird der Arbeitsaufwand veranschlagt und Erfolge kontrolliert.

Zeitmanagementmethode: Die 1-3-5-Methode für Promovierende

Die Idee: Nehmen Sie sich am Anfang oder am Ende jeder Woche (oder an jedem Morgen) einen Moment Zeit, um zu überlegen, wann welche Aufgabe zu erledigen ist. Teilen Sie Ihre Projekte in machbare Einheiten auf! Planen Sie für jeden Tag **1 große Aufgabe**, **3 mittlere Aufgaben** und **5 kleine Aufgaben** und schreiben Sie sie in die Tabelle. Arbeiten Sie dann alle Aufgaben nacheinander ab. Mittels der Liste können Sie dann am Ende jeden Tages (oder der Woche) überprüfen, ob Sie alle Ziele erreicht haben.

Montag	**Dienstag**	**Mittwoch**	**Donnerstag**	**Freitag**	**WE**
.	.	.	.	.	Das Wochenende ist zur Erholung da ;-)
. . .	. . .	. . .	. . .	. . .	
. . . . .	. . . . .	. . . . .	. . . . .	. . . . .	

Das Arbeitsblatt ist online abrufbar: http://coachingzonen.de/4200-downloads.html

Zeitmanagementmethode: Zeit managen nach dem Eisenhower-Prinzip

Diese Methode des Zeitmanagements wurde angeblich von Dwight D. Eisenhower (1890–1969) entwickelt. Sie ist in zahlreichen Zeit-, Selbst- und Projektmanagementbüchern und vielfach im Internet zu finden. Wie sie genau auf Eisenhower zurückzuführen ist, konnte ich bisher nicht klären. Ich stelle sie hier zur Illustration als Methode zum Promotionsmanagement vor:

Zunächst wird eine Liste erstellt, die alle Aufgaben aufführt, die Sie in einer bestimmten Zeit, z.B. einer Woche, einem Monat oder einem Jahr erledigen wollen/müssen. Auf diese Liste gehören alle Tätigkeiten, die für die Dissertation zu erledigen sind, sowie alle anderen privaten oder beruflichen Tätigkeiten, die erfahrungsgemäß in dieser Phase ebenfalls anfallen werden, oder geplant sind.

Für die Feinplanung bietet sich an, den Zeitraum nicht allzu lang zu stecken, da bei einem größeren Zeitraum die Planung weniger konkret werden kann. Wichtig für die Promotionsphase ist es jedoch, sowohl eine grobe, langfristige Planung als auch eine sehr konkrete Planung z.B. einzelner Monate oder sogar Wochen zu erstellen. So kann es sinnvoll sein, zunächst einen Jahres- und dann davon ausgehend einen Monatsplan und dann einen Wochenplan zu machen.

Ausgehend von einem Koordinatenkreuz mit Wichtig (Y) und Dringend (X) wird eine Tabelle erstellt (s.u.). Die vier Felder der Tabelle werden, wie untenstehend aufgeführt, beschriftet:

- Wichtig, aber nicht so dringend
- Wichtig UND Dringend
- Nicht wichtig und auch nicht so dringend
- Weniger wichtig und trotzdem dringend

Dann nehmen Sie die Liste mit Ihren Aufgaben bzw. geplanten Tätigkeiten und ordnen die einzelne Tätigkeiten in diese vier Felder ein. Überlegen Sie genau, wie dringend im Sinne von „eilig“ die geplanten Tätigkeiten sind. Überlegen Sie auch wie wichtig diese Tätigkeiten für ihr gestecktes Ziel sind, ob Sie diese Tätigkeiten im Hinblick auf eine Erreichung Ihres Ziels wirklich machen wollen oder unbedingt müssen. Im nächsten Schritt machen Sie eine To-Do-Liste und arbeiten Sie diese ab.

- Terminieren und planen Sie Aufgaben aus dem „Wichtig, aber nicht so dringend“-Feld.
- Erledigen Sie sofort alle Tätigkeiten, aus dem „Wichtig UND Dringend“-Feld.
- Überlegen Sie, ob Sie auf die die Tätigkeiten aus dem „Nicht wichtig und auch nicht so dringend“-Feld wirklich brauchen und ob auf

Sie auf diese Tätigkeiten –und wenn es auch nur für die Promotionszeit ist – verzichten können.

- Die Tätigkeiten aus dem „Weniger wichtig und trotzdem dringend"-Feld müssen Sie i.d.R. nicht selber machen und können überlegen, diese an UnterstützerInnen zu delegieren oder, je nach finanziellen Möglichkeiten, auch gegen Bezahlung in Auftrag geben, z.B. Transkriptionen, Layout, Lektorat.

Tabelle 6: Die Eisenhower-Methode

Wichtig, aber nicht so dringend ⇨ Terminieren/für später einplanen	Wichtig und dringend ⇨ Sofort erledigen
Nicht wichtig und auch nicht so dringend ⇨ Evtl. in den Papierkorb?	Weniger wichtig und trotzdem dringend ⇨ Delegieren oder absagen?

Hier folgt ein Beispiel dafür, wie die Arbeiten in der Promotionsphase eingeteilt werden könnten. Das Beispiel muss von Ihnen natürlich individuell angepasst und um andere, wichtige Tätigkeiten z.B. Familienarbeit etc. ergänzt werden. Auch die Kriterien, die Tätigkeiten in die einzelnen Felder einzuordnen, mögen für Sie ganz andere sein:

Tabelle 7: Das Eisenhower-Prinzip als Methode des Promotionsmanagements

Wichtig, aber nicht so dringend Schreiben eines Aufsatzes, Diss abgeben Unterlagen zur Zulassung beim Promotions-ausschuss einreichen	Wichtig und dringend Arbeit an der Dissertation, Besuch des Kolloquiums, Lehrveranstaltungen vorbereiten, Gespräch mit der Promotionsbetreuung
Nicht wichtig und auch nicht so dringend Ggf. Tagungsbesuche von Tagungen angrenzender Fachdisziplinen, Rezensionen schreiben Promovierendenstammtisch	Weniger wichtig und trotzdem dringend Transkribieren, Layouten, (z.B. Tätigkeiten der Diss, die Sie nicht unbedingt selber machen müssen) Deadline für ein Call for Paper

Auch hier gilt, dass Sie Ihr Zeitmanagement regelmäßig überprüfen und neu formulieren. So haben Sie stetig einen Überblick über die dringend und weniger dringend zu erledigen Aufgaben und können sowohl Ihre Arbeit an der Dissertation als auch Ihre anderen Tätigkeiten besser steuern. Insgesamt trägt dies zu einer deutlich besseren Work-Life-Balance bei, vor allem, wenn Sie auch private Termine einbeziehen!

12.2 Literaturverwaltungsprogramme

Wenn Sie bisher noch nicht die Notwendigkeit gesehen haben, mit einer Literaturverwaltungssoftware zu arbeiten, dann ist die Phase der Arbeit an Ihrem Exposee genau richtig, um damit anzufangen. So können Sie bereits erste Erfahrungen mit einem Literaturverwaltungsprogramm erwerben um es später auch problemlos in Ihrer Promotionsphase zu nutzen.

Im Rahmen Ihrer Arbeit an Ihrer Dissertation werden Sie höchstwahrscheinlich über einen längeren Zeitraum große Mengen an Literatur verwalten müssen. Sie sollten deshalb auch nach zwei bis drei Jahren noch überblicken können, wo welche Literatur zu finden ist und welche Informationen Sie aus welchem Buch bzw. welchem Artikel gewonnen haben. Hier kann eine

Software sehr nützlich sein, die Ihnen bei der Verwaltung Ihrer Literatur hilft.

Literaturverwaltungsprogramme sind üblicherweise datenbankgestützt und können auf verschiedenen Gebieten von hohem Nutzen sein. Mit ihrer Hilfe:

- Kann Wissen gemanagt werden, z.B. in Themenbäumen, Verweisen etc.
- Können Zitate in Texte eingefügt und mit Literaturangaben verlinkt werden
- Können wörtliche und indirekte Zitate verwaltet werden
- Können Aussagen zu bestimmten Themen gesammelt und verwaltet werden
- Können Literaturverzeichnisse erstellt werden

Welche Software Sie für Ihre Literaturverwaltung am besten nutzen ist vor allem davon abhängig, welches Textverarbeitungsprogramm Sie benutzen. Sie sollten sich jedoch auch über die Kosten dieser Programme informieren. Vielleicht wird eine bestimmte Literaturverwaltungssoftware günstig von Ihrer Universitätsbibliothek angeboten inklusive der Schulungen im Umgang damit, bzw. der Beratung bei Problemen und Fragen?

Ich habe hier die wichtigsten Literaturverwaltungsprogramme für Sie aufgeführt:

BibTeX ist ein Literaturverwaltungsprogramm, das mit LaTex zu verwenden ist. Es wird oft von z.B. InformatikerInnen oder MathematikerInnen verwendet. www.bibtex.org/

Bibliographix ist ein kostenloses Programm zur Literaturverwaltung für Windows und Mac. www.bibliographix.de/

Citavi ist ein Literaturverwaltungsprogramm, mit dem Literatur recherchiert und verwaltet werden kann. Außerdem können auch Zitate in unterschiedlichen Formen organisiert und Texte strukturiert werden. Citavi kostet momentan um die 100€ als Einzellizenz, wird aber an vielen Universitäten für Studierende und Promovierende über die Universitätsbibliothek verbilligt oder kostenlos angeboten. www.citavi.de/

Endnote ist ein Literaturverwaltungsprogramm, mit dem online Literatur gesucht und über eine Datenbank verwaltet werden kann. Auch wissenschaftliche Fachdatenbanken lassen sich abfragen. Eine Einzellizenz für Mac & Windows kostet momentan um die 200€, die Lizenz für Studierende und Promovierende ist aber möglicherweise günstiger. www.endnote.com

Litlink ist ein Programm, welches sich besonders für Geschichts-, Kultur- und SozialwissenschaftlerInnen eignet. Hier ist es möglich, nicht nur Literatur, sondern auch Archivalien, Bilder und sonstiges zu verwalten und zu sortieren. Es ist kostenfrei und sowohl für Windows als auch für Mac geeignet. www.litlink.ch/

Zotero ist ein kostenloses Firefox Add-on zum Sammeln, Verwalten und Zitieren von Quellen. Zotero leistet neben Literaturverwaltung auch Wissensmanagement. www.zotero.org

Recherchieren Sie, ob es ein Literaturverwaltungsprogramm gibt, das in Ihrem Fach üblicherweise verwendet wird. Möglicherweise ist es für die Art von Quellen, die Sie üblicherweise in diesem Fach benutzen z.B. Bilder, besonders geeignet. Von den kostenpflichtigen Programmen gibt es oftmals auch Testversionen, mit denen Sie ausprobieren können, ob sich ein Programm für Ihre Zwecke eignet.

FAQ Literaturverwaltung

Nach welchen Kriterien wähle ich ein Literaturverwaltungsprogramm aus?
Am besten Sie informieren sich darüber, welche Software in Ihrer Fachdisziplin üblich ist und welche Erfahrungen Ihre KollegInnen oder andere Promovierende mit Literaturverwaltungssoftware gesammelt haben. Wenn Sie mit anderen zusammenarbeiten wollen, sollten Sie ein Programm auswählen, was eine gemeinsame Literaturverwaltung bzw. Literaturverwaltung im Team erlaubt. Letztlich ist aber entscheidend, ob Sie sich mit der Software wohlfühlen und Ihnen die Handhabung gefällt, denn nur dann werden Sie diese gerne und viel nutzen und sie wird eine richtige Hilfe für Sie.

12.3 Weitere Programme, die in der Promotionsphase hilfreich sind

Hier finden Sie einige Programme, die sich gut für die Promotion nutzen lassen. Sie erleichtern Arbeitsprozesse, manche Tools benötigen allerdings manchmal auch ein wenig Zeit um ihre Verwendung zu erlernen. Da sie aber vermutlich spätestens bei der Bearbeitung der Dissertation einen Nutzen versprechen, kann es sinnvoll sein, den Umgang mit den Programmen z.B. eines Mindmapping-Programms einzuüben. Wichtig ist allerdings, dass Sie vom praktischen Nutzen der Programme profitieren und diese Sie nicht von Ihrer eigentlichen Arbeit an Ihrer Promotion ablenken.

Hier eine kleine Auswahl hilfreicher Tools in alphabetischer Reihenfolge:

Evernote ist ein Webdienst, mit dem Notizen z.B. Listen, aber auch Dokumente und Fotos gesammelt und sortiert werden können. Online kann darauf von jedem Ort aus zugegriffen werden. Evernote ist kostenlos, bietet aber eine zusätzliche Premium-Variante, mit der sich weitere Features freischalten lassen.

Freedom ist ein Programm, mit dem man sein Internet für eine vorher ausgewählte Zeit blockieren kann. Dieses Programm ist besonders hilfreich für Personen, die sich durch das Internet, z.B. ständiges Checken der E-Mails, oder durch Soziale Netzwerke wie Facebook, das Lesen von Online-Zeitschriften oder mal eben schnell eine kleine Recherche zwischendurch von ihrem eigentlichen Ziel ablenken lassen. Freedom ist kostenpflichtig, es kostet 10 Dollar. macfreedom.com/

Mindmapping-Programme: Mindmapping als Technik wurde von Tony Buzan (Buzan 2013) schon in den 1960ern als Kreativitätsmethode vorgestellt. Mindmaps werden gerne zur Systematisierung bzw. Strukturierung von Wissen oder Daten verwendet. Mindmaps dienen auch dazu, Wissen zu erschließen, assoziativ zu ordnen oder Arbeitsschritte zu planen. Es gibt zahlreiche kostenpflichtige, aber auch kostenlose Mindmapping-Programme. Kostenlos sind z.B. Docear www.docear.org, das auch mit dem Literaturverwaltungsprogramm Bibtex genutzt werden kann, oder das Open-Source-Tool FreeMind freemind.sourceforge.net/. Weitere Mindmapping-Programme lassen sich problemlos online recherchieren.

Tineye ist eine Bildersuchmaschine, mit der die Quellen vorhandener Bilder im Internet gesucht werden können. Um Bilder im Literatur- oder Abbildungsverzeichnis anzugeben, können Sie bei unbekannten Bildern deren Quelle recherchieren. tineye-reverse-image-search. softonic.de/

Wunderlist ist ein kostenloser Aufgabenplaner, mit dem Listen erstellt, sortiert und überblickt werden können. Listen lassen sich mit anderen teilen, ausdrucken oder per Mail verschicken. Eine Pro-Version bietet noch mehr Anwendungen, ist dann aber kostenpflichtig. www.wunderlist.com/de

Es gibt zahlreiche weitere Programme zur Erleichterung des Promotionsprozesses. Auf der Seite www.facebook.com/pages/Coachingzonen/559655720714871?fref=ts stelle ich hin und wieder neue Programme vor.

12.4 Schreibratgeber für die Promotion

Ein Exposee und eine Dissertation zu schreiben, ist ein langwieriger Prozess, der mit mehreren Schritten und Überarbeitungsschleifen verbunden ist und nicht selten auch mit Problemen, wie z.B. Schreibblockaden. Darüber hinaus müssen Sie dafür diverse Kenntnisse besitzen, die Ihnen allerdings i.d.R. in Ihrem Studium nicht vermittelt worden sind: Welche wissenschaftlichen Formalitäten sind zu beachten? Was bedeutet eigentlich wissenschaftliches Schreiben? Wie gestaltet man am besten den langen Schreibprozess? Wie geht man mit Problemen um, die sich beim Schreiben ergeben?

Ich habe Ihnen hier eine Liste mit Schreibratgebern zusammengestellt, die Sie beim Schreiben der Dissertation unterstützen könnten.

Gut, um einen Überblick über den Arbeitsprozess zu bekommen, auch für diejenigen, die berufsbegleitend promovieren:

> Bolker, Joan (2007): Writing your dissertation in fifteen minutes a day. A guide to starting, revising, and finishing your doctoral thesis. [Nachdr.] 18. pr. New York: Holt

Behandelt allgemein das Verfassen wissenschaftlicher Artikel:

> Belcher, Wendy Laura (2009): Writing your journal article in 12 weeks. A guide to academic publishing success. Online verfügbar unter: www.wendybelcher.com/pages/Writing_Your_Journal_Article_in_Twelve_Weeks.htm (Hier ist auch ein Download des Artikels „Twelve-Week Calendar for Planning Article Writing Schedule" möglich)

Unbedingt empfehlenswert! Lesen und schreiben – gut um mal das Lesen zu organisieren:

> Lange, Ulrike (2013) Fachtexte lesen – verstehen – wiedergeben. Stuttgart: Schöningh UTB

Unbedingt empfehlenswert zur Argumentation in wissenschaftlichen Texten. Ist zwar in englischer Sprache, lässt sich aber gut (in übersetzter Form) auch für deutsche Texte nutzen.

> Graff/Birkenstein (2010) They say/I say. The Moves that matter in Academic Writing. New York. W W Norton & Co Export

Um den Arbeitsprozess an der Dissertation zu verstehen und zu organisieren:

Dunleavy, Patrick (2008): Authoring a PhD. How to plan, draft, write and finish a doctoral thesis or dissertation. [Nachdr.]. Basingstoke: Palgrave Macmillan

Esselborn-Krumbiegel, Helga (2008): Von der Idee zum Text. Eine Anleitung zum wissenschaftlichen Schreiben. 3., überarb. Aufl. Paderborn: Schöningh (UTB Schlüsselkompetenzen)

Franck, Norbert; Stary, Joachim (2008): Die Technik wissenschaftlichen Arbeitens. Eine praktische Anleitung. 14., überarb. Aufl. Paderborn: Schöningh (UTB Schlüsselkompetenzen)

Murray, Rowena (2008): How to write a thesis. 2. ed., reprinted. Maidenhead: Open Univ. Press

Super, besonders für Wirtschafts- und Sozialwissenschaften:

Plümper, Thomas (2008): Effizient schreiben. Leitfaden zum Verfassen von Qualifizierungsarbeiten und wissenschaftlichen Texten [mit ausführlichen Check-Listen]. 2., vollst. überarb. und erw. Aufl. München: Oldenbourg

Enthält Literatur zu Techniken und Strategien des Schreibens während der Promotionsphase:

Scheuermann, Ulrike (2011): Die Schreibfitness-Mappe. 60 Checklisten, Beispiele und Übungen für alle, die beruflich schreiben. Wien: Linde (Linde international)

Scheuermann, Ulrike (2009): Wer reden kann, macht Eindruck – wer schreiben kann, macht Karriere: Das Schreibfitnessprogramm für mehr Erfolg im Job. Wien: Linde (Linde international).

Eine Hilfe beim strategischen und kreativen Schreiben:

Silva, Paul J. (2007): How to Write a Lot: A Practical Guide to Productive Academic Writing. Washington, DC: American Psychological Association

Scheuermann, Ulrike (2013) Schreibdenken: Schreiben als Denk- und Lernwerkzeug nutzen und vermitteln. Stuttgart: UTB Verlag

Wolfsberger, Judith (2009): Frei geschrieben. Mut, Freiheit & Strategie für wissenschaftliche Abschlussarbeiten. 2. Aufl. Wien: Böhlau

Wer etwas über Schreib-Zeitmanagement wissen will, ist mit diesem sehr praktischen Buch gut bedient:

> Zerubavel, Eviatar (1999): The Clockwork Muse: A Practical Guide to Writing Theses, Dissertations, and Books. Cambridge: Harvard Press

Für die Naturwissenschaften:

> Ebel, Hans Freidrich; Bliefert, Claus (2008): Diplom- und Doktorarbeit. Anleitungen für den naturwissenschaftlich-technischen Nachwuchs. 3., aktual. Aufl., Nachdr. Weinheim: Wiley-VCH

Kein Schreibratgeber, aber dennoch aufschlussreich in der Promotionsphase:

> Ruhl, Katrin, Mahrt, Nina; Többel, Johanna (2010) Publizieren während der Promotion. Wiesbaden: VS Verlag für Sozialwissenschaften

Hier noch einige andere Promotionsratgeber:

> Günauer, Franziska; Krüger, Anne K.; Moes, Johannes; Steidten, Torsten; Koepernik, Claudia (2012): GEW-Handbuch Promovieren mit Perspektive. Ein Ratgeber von und für DoktorandInnen. Bielefeld: Bertelsmann W. Verlag
>
> Gunzenhäuser, Randi; Haas, Erika (2010): Promovieren mit Plan. Ihr individueller Weg: von der Themensuche zum Doktortitel. 3. Aufl. Opladen: Budrich (UTB Arbeitshilfen)
>
> Nünning, Ansgar; Sommer, Roy (2007): Handbuch Promotion. Forschung – Förderung – Finanzierung. Stuttgart: Metzler Verlag
>
> Schöneck-Voß, Nadine M.; Wenzelburger, Georg; Wolf, Frieder (2012): Promotionsratgeber Soziologie. 1. Aufl. Wiesbaden: VS Verlag für Sozialwissenschaften
>
> Wolf, Frieder; Wenzelburger, Georg (2010): Promotionsratgeber Politikwissenschaft. Wiesbaden: VS Verlag für Sozialwissenschaften

Teil 4

Anhang

13 Glossar

Hier finden Sie die wichtigsten Begriffe des Promovierens in alphabetischer Reihenfolge:

Disputation

Mit der Disputation verteidigen Sie nach dem Begutachtungsprozess Ihre Arbeit. Oft besteht die Disputation aus einem Vortrag und anschließenden Fragen durch die Promotionskommission. Wie genau die Disputation abläuft, ob Sie z.B. einen Vortrag vorbereiten müssen oder Thesen vorlegen, wie lange die Disputation dauert und wie sich die Note auf Ihre Promotionsnote auswirkt steht in der Promotionsordnung.

Doktorgrad

Als Doktorgrad wird der akademische Grad bzw. der akademische Abschluss der Promotion bezeichnet, z.B. Dr. phil., Dr. jur., Dr. med. In Deutschland können unterschiedliche Doktorgrade verliehen werden, welcher Doktorgrad für eine Dissertation verliehen wird, entnehmen Sie der jeweiligen Promotionsordnung

Eröffnung des Promotionsverfahrens

Das Promotionsverfahren wird durch die Einreichung der fertigen Dissertation eröffnet. Die GutachterInnen werden durch den Promotionsausschuss bestellt, das weitere Verfahren (Begutachtung, hochschulöffentliches Ausliegen) nimmt seinen Lauf. Ein Rückzieher ist ab hier nicht mehr möglich. Sollte die Dissertation schlecht bewertet werden, die Annahme wegen schlechter Qualität durch die GutachterInnen verweigert, kann sie nicht mehr an einer anderen Universität eingereicht werden.

Externe Promotion

Als externe Promovierende werden häufig diejenigen Personen bezeichnet, die nicht als Beschäftigte der Universität promovieren, sondern in Unternehmen beschäftigt sind, und die nur durch die Promotion an die Universität angebunden sind. So können auch StipendiatInnen bezeichnet werden oder Promovierende, die an einer anderen Universität arbeiten als der, an der Sie promovieren (siehe ab S. 59).

Fachfremde Promotion

Mit fachfremder Promotion ist eine Promotion in einem anderen Fach als dem vorher studierten Fach gemeint. Es kann u.U. problematisch sein, die Promotion in einem bisher fremden Fach zu leisten, da die Zugangsvoraussetzungen zur Promotion vermutlich nicht gegeben sind, d.h. dass noch promotionsvorbereitende oder promotionsbegleitende Leistungen in Form von Studienleistungen/Credits zu erbringen sind. Einfacher ist es meist, in dem Fach zu promovieren, in dem Das Studium angeschlossen wurde. Informationen über die Promotionsvoraussetzungen und zu erbringende Leistungen finden Sie in den Promotionsordnungen (siehe S. 35)

Fast-Track-Promotion

Mit Fast-Track-Promotion ist eine Promotion gemeint, die direkt nach dem Bachelorabschluss bzw. ohne Abschluss einer üblichen Promotionsvoraussetzung wie einem Diplom- oder Masterabschluss geleistet wird. In der Praxis ist die Fast-Track-Promotion in vielen Fällen mit einem Promotionsstudium kombiniert. Das ist z.B. ein verkürzter Masterstudiengang, an den die Promotion anschließt. In diesem Fall wird z.B. statt der Masterarbeit ein Promotionsexposee verfasst und danach die Promotion begonnen. Vorausgesetzt wird oftmals die Teilnahme an einem Promotionskolleg bzw. an einem Graduiertenprogramm (siehe S. 38).

Kumulierte Promotion

Als kumulierte Promotion wird eine Promotion bezeichnet, die nicht aus einer zusammenhängenden Forschungsarbeit, sondern aus mehreren Aufsätzen besteht. Dazu zählen Aufsätze, die in bestimmten relevanten Medien veröffentlicht wurden, z.B. in Fachzeitschriften. Ob eine kumulierte Promotion möglich ist bzw. wie viele Aufsätze für eine kumulierte Promotion zählen und in welchen Medien diese genau veröffentlicht sein müssen, schreibt die Promotionsordnung vor (siehe S. 38).

Mindestnote

Manche Promotionsordnungen setzen eine Mindestnote voraus. Diese findet sich in der Promotionsordnung. Ob eine Promotion in Ausnahmefällen bei Nichterfüllen der Mindestnote möglich ist und welche Voraussetzungen bestehen, entscheidet i.d.R. der Promotionsausschuss ggf. auch in Absprache mit der Promotionsbetreuung.

Promotionsbetreuung

Früher nannte man sie Doktorväter oder Doktormütter heute werden sie üblicherweise als Promotionsbetreuung bezeichnet. Als PromotionsbetreuerIn geben sie Feedback zum Promotionsprozess und unterstützen Sie fachlich. Nach Einreichung der Dissertation schreiben sie ein Gutachten, vergeben die Note und gehören zu der Kommission, die die Verteidigung Ihrer Arbeit (Disputation) oder die Promotionsprüfung (Rigorosum) abnimmt.

Promotionskommission

Neben den PromotionsbetreuerInnen gehören noch weitere Mitglieder zur Promotionskommission. Diese hat im Wesentlichen den Auftrag, bei der Disputation bzw. beim Rigorosum beizusitzen. Aus wie vielen Personen die Kommission besteht und wie sie zusammengesetzt ist, entnehmen Sie der Promotionsordnung.

Promotionsstudium

Manche Promotionsordnungen sehen vor, dass während der Promotion ein Promotionsstudium abzuleisten ist. Oft besteht es aus Veranstaltungen für Promovierende, bei denen Credit-Points oder andere Leistungspunkte erworben werden. Ob ein Promotionsstudium abzuleisten ist und welche Leistungen zu erbringen sind, entnehmen Sie der Promotionsordnung

Promotionsstrukturen

Mit Promotionsstrukturen sind Programme gemeint, in denen Promovierende im Verbund promovieren und unterstützt werden. Das können einerseits stark strukturierende Promotionsprogramme sein, wie z.B. DFG-Graduiertenkollegs, Graduiertenschulen, die z.B. fachliche Weiterbildung und Stipendien bieten, oder andererseits auch Promotionsprogramme der Universitäten/ Fakultäten, die nicht-verpflichtenden Workshops und Vernetzung anbieten.

Promotionsvereinbarung

Eine Promotionsvereinbarung wird üblicherweise zwischen PromovendIn, PromotionsbetreuerIn und der Fakultät (DekanIn) geschlossen. Sie regelt die Arbeitsbeziehung bezüglich der Promotionsphase. In vielen Universitäten ist sie verpflichtend. Sie lässt sich i.d.R. online herunterladen und muss mit dem Antrag zur Zulassung zur Promotion unterschrieben eingereicht werden. Nicht alle Promotionsordnungen sehen vor, dass eine Promotionsvereinbarung geschlossen werden muss.

Promotionsvorbereitende Leistungen

Promotionsvorbereitende Leistungen fallen i.d.R. an, wenn Sie sich z.B. aufgrund eines Fachhochschulabschlusses oder durch ein fachfremdes Studium mit zusätzlichen Studienleistungen zur Promotion qualifizieren müssen. Ob Sie promotionsvorbereitende oder promotionsbegleitende Studien bzw. Leistungen erbringen müssen, welche das sind und wie Sie sich zu dem Verfahren anmelden, steht i.d.R. in der Promotionsordnung.

Rigorosum

Das Rigorosum ist eine Prüfung nach Einreichung und Begutachtung der Dissertation. Entweder finden ein Rigorosum oder eine Disputation statt. Beim Rigorosum werden zusätzlich zum Dissertationsvortrag und anschließenden Fragen dazu eine bestimmte Anzahl von Fächern bzw. Fachgebieten mündlich geprüft. Ob eine Disputation oder ein Rigorosum stattfindet entnehmen Sie der Promotionsordnung

14 LITERATURVERZEICHNIS

Belcher, Wendy Laura (2009): Writing your journal article in 12 weeks. A guide to academic publishing success. www.wendybelcher.com/pages/Writing_Your_Journal_Article_in_Twelve_Weeks.htm

Bundesbericht Wissenschaftlicher Nachwuchs 2008 (BuWiN) Berlin. Online abrufbar unter http://www.bmbf.de/pubRD/buwin_08.pdf (13.06.2014)

Bundesbericht Wissenschaftlicher Nachwuchs 2013 (BuWiN) Statistische Daten und Forschungsbefunde zu Promovierenden und Promovierten in Deutschland. Bundesministerium für Bildung und Forschung. Abrufbar unter: http://www.buwin.de/buwin/2013/ (13.06.2014)

Buzan, Tony (2013) Das Mind-Map-Buch: Die beste Methode zur Steigerung Ihres geistigen Potenzials. München: Mvg-Verlag

Bolker, Joan (2007): Writing your dissertation in fifteen minutes a day. A guide to start-ing, revising, and finishing your doctoral thesis. [Nachdr.] 18. pr. New York: Holt.

Dunleavy, Patrick (2008): Authoring a PhD. How to plan, draft, write and finish a doctoral thesis or dissertation. [Nachdr.]. Basingstoke: Palgrave Macmillan.

Ebel, Hans Freidrich; Bliefert, Claus (2008): Diplom- und Doktorarbeit. Anleitungen für den naturwissenschaftlich-technischen Nachwuchs. 3., aktual. Aufl., Nachdr. Weinheim: Wiley-VCH.

Enders, Jürgen/Bornmann Lutz (2001): Karriere mit Doktortitel? Ausbildung, Berufsverlauf und Berufserfolg von Promovierten. Frankfurt. New York: Campus Verlag

Enders, Jürgen/Kottmann, Andrea (2009): Neue Ausbildungsformen – andere Werdegänge? Ausbildungs- und Berufsverläufe von Absolventinnen und Absolventen der Graduiertenkollegs der DFG. Weinheim: Wiley VHC

Esselborn-Krumbiegel, Helga (2008): Von der Idee zum Text. Eine Anleitung zum wissenschaftlichen Schreiben. 3., überarb. Aufl. Paderborn: Schöningh (UTB Schlüsselkompetenzen)

Franck, Norbert; Stary, Joachim (2008): Die Technik wissenschaftlichen Arbeitens. Eine praktische Anleitung. 14., überarb. Aufl. Paderborn: Schöningh (UTB Schlüsselkompetenzen)

Graff/Birkenstein (2010) They say/I say. The Moves that matter in Academic Writing. New York: W W Norton & Co Export

Günauer, Franziska; Krüger, Anne K.; Moes, Johannes; Steidten, Torsten; Koepernik, Claudia (2012): GEW-Handbuch Promovieren mit Perspektive. Ein Ratgeber von und für DoktorandInnen. Bielefeld: Bertelsmann W. Verlag

Gunzenhäuser, Randi; Haas, Erika (2010): Promovieren mit Plan. Ihr individueller Weg: von der Themensuche zum Doktortitel. 3. Aufl. Opladen: Budrich (UTB Arbeitshilfen)

Kottmann, Andrea; Enders, Jürgen (20011) Alles neu? – Eine vergleichende Analyse der Doktorandenausbildung in den Graduiertenkollegs der DFG der 1990er-Jahre

IN: Wergen, Jutta (2011) Forschung und Förderung. Promovierende im Blick der Hochschulen S. 118–140. Münster: Lit Verlag
Lange, Ulrike (2013) Fachtexte lesen – verstehen – wiedergeben. Stuttgart: Schöningh UTB
Murray, Rowena (2008): How to write a thesis. 2. ed., reprinted. Maidenhead: Open Univ. Press.
Nünning, Ansgar; Sommer, Roy (2007): Handbuch Promotion. Forschung – Förderung – Finanzierung. Stuttgart: Metzler Verlag.
Plümper, Thomas (2008): Effizient schreiben. Leitfaden zum Verfassen von Qualifizierungsarbeiten und wissenschaftlichen Texten. 2., vollst. überarb. und erw. Aufl. München: Oldenbourg
Ruhl, Katrin, Mahrt, Nina; Többel, Johanna (2010) Publizieren während der Promotion. Wiesbaden: VS Verlag für Sozialwissenschaften
Silva, Paul J. (2007): How to Write a Lot: A Practical Guide to Productive Academic Writing. Washington, DC: America Psychological Association
Scheuermann, Ulrike (2013) Schreibdenken: Schreiben als Denk- und Lernwerkzeug nutzen und vermitteln. Stuttgart: UTB Verlag
Scheuermann, Ulrike (2011): Die Schreibfitness-Mappe. 60 Checklisten, Beispiele und Übungen für alle, die beruflich schreiben. Wien: Linde (Linde international)
Scheuermann, Ulrike (2009): Wer reden kann, macht Eindruck – wer schreiben kann, macht Karriere: Das Schreibfitnessprogramm für mehr Erfolg im Job. Wien: Linde (Linde international).
Schöneck-Voß, Nadine M.; Wenzelburger, Georg; Wolf, Frieder (2012): Promotionsratgeber Soziologie. 1. Aufl. Wiesbaden: VS Verlag für Sozialwissenschaften
Wissenschaftsrat (1986): „Empfehlungen zur Struktur des Studiums“, Köln 1986;
Wissenschaftsrat: „Empfehlungen zur Förderung von Graduiertenkollegs“ in: Wissenschaftsrat: „Empfehlungen und Stellungnahmen 1988“, Köln 1989
Wissenschaftsrat (2002) Empfehlungen zur Doktorandenausbildung
Online abrufbar unter: http://www.wissenschaftsrat.de/download/archiv/5459-02.pdf (13.06.2014)
Wolf, Frieder; Wenzelburger, Georg (2010): Promotionsratgeber Politikwissenschaft. Wiesbaden: VS Verlag für Sozialwissenschaften
Wolfsberger, Judith (2009): Frei geschrieben. Mut, Freiheit & Strategie für wissenschaftliche Abschlussarbeiten. 2. Aufl. Wien: Böhlau
Zerubavel, Eviatar (1999): The Clockwork Muse: A Practical Guide to Writing Theses, Dissertations, and Books. Cambridge: Harvard Press

15 INTERNETQUELLEN

Überblick über das Promovieren (ab S. 15)

www.kisswin.de/ Informationen zur Wissenschaftlichen Karriere
www.research-in-germany.de Überblick in englischer Sprache/Rubrik für PHD Students,

Promotionsvereinbarungen (ab S. 29)

www.promovierenden-initiative.de/materialien/pv_muster.rtf Mustervereinbarung der Promovierenden-Initiative
www.dfg.de/formulare/1_90/1_90.pdf Empfehlungen der DFG zu Promotionsvereinbarungen

Befristete Verträge in der Wissenschaft (ab S. 49)

www.gesetze-im-internet.de/wisszeitvg/BJNR050610007.html Wissenschaftszeitvertragsgesetz
www.gew-berlin.de/public/media/140213_Broschuere_Befristungsrecht_Endfassung_2014.pdf Ratgeber zum Thema der Gewerkschaft Erziehung und Wissenschaft (GEW)
www.hochschulverband.de/cms1/hochschulgesetzsammlung.html.Webseite des deutschen Hochschulverbandes einsehen

Informationen zur Promotion mit einem FH-Abschluss (ab S. 35)

www.wissenschaftsrat.de/download/archiv/10031-10.pdf
www.bmbf.de/de/1600.php

Stellensuche für die Wissenschaft (ab S. 49)

www.academics.de Stellenbörse für Stellen in der Wissenschaft
www.elfi.info Servicestelle für ELektronische ForschungsförderInformationen
http://jobs.zeit.de freie Stellen von Universitäten

Begabtenförderung in Deutschland (ab S. 49)

www.stipendienlotse.de des Bundesministeriums für Bildung und Forschung (BMBF)

www.stipendiumplus.de Gemeinsame Webseite der Begabtenförderwerke:
www.cusanuswerk.de Cusanuswerk
www.eles-studienwerk.de Ernst Ludwig Ehrlich Studienwerk (ELES)
www.evstudienwerk.de Evangelisches Studienwerk Villigst
www.fes.de Friedrich-Ebert-Stiftung
www.freiheit.org Friedrich-Naumann-Stiftung
www.boeckler.de Hans-Böckler-Stiftung
www.hss.de Hanns-Seidel-Stiftung
www.boell.de Heinrich-Böll-Stiftung
www.kas.de Konrad-Adenauer-Stiftung
www.rosalux.de Rosa-Luxemburg-Stiftung
www.sdw.org Stiftung der deutschen Wirtschaft
www.studienstiftung.de Studienstiftung des deutschen Volkes

Promotionsprogramme (ab S. 63)

www.dfg.de/foerderung/Programme/koordinierte_programme/graduierten kollegs/index.html Informationen
www.dfg.de/foerderung/programme/koordinierte_programme/graduierten kollegs/gefoerderte_projekte/index.html Liste der Kollegs
www.dfg.de/foerderung/programme/exzellenzinitiative/graduiertenschulen/ index.html Graduiertenschulen
www.daad.de/international-programmes Internationale Programme

Zur Recherche (ab S. 87)

www.idw-online.de Informationsdienst Wissenschaft
www.ddb.de Deutsche Digitale Bibliothek vernetzt Kultur- und Wissenschaftseinrichtungen
gepris.dfg.de Datenbank über laufende und abgeschlossene Forschungsprojekte

Tagungsdatenbank

www.conferencealerts.com

Workshops zu qualitativen Forschungsmethoden (S. 119)

www.gesis.org/veranstaltungen Methodenworkshops Leibnitz Institut für Sozialwissenschaften
www.qualitative-forschung.de/methodentreffen Summer-School des Instituts für Qualitative Forschung
www.qualitative-research.net Forum Qualitative Sozialforschung (FQS)
www.uni-magdeburg.de/zsm bundesweiter Workshop zur qualitativen Bildungs-, Beratungs- und Sozialforschung

Literaturverwaltungsprogramme (S. 152)

www.bibtex.org/
www.bibliographix.de/
www.citavi.de/
www.endnote.com
www.litlink.ch/
www.zotero.org

Nützliche Software zur Promotion (S. 154)

www.evernote.com
http://macfreedom.com
http://freemind.sourceforge.net
http://tineye-reverse-image-search.softonic.de
https://www.wunderlist.com/de

Webseiten der Autorin/Coachingzonen

www.facebook.com/pages/Coachingzonen/559655720714871?fref=ts
www.coachingzonen.de
http://blog.coachingzonen.de